U0710731

程益泰商号
经营史料选辑

程 源 编著

富记发到 逢五逢十足尺加一

安记

桥口 程益泰衣布莊

端誠優待以圖推廣

本號估衣營業歷有多年茲
因推廣起見特由庚申年添
設絨蘇松標扣以及各省廠
布花樣時新顏色精巧零鬆
批發無不格外克己以副雅
意承蒙
賜顧無任歡迎逢
期放尺猶為小號優待之特
點諸君幸注意焉

上海财经大学出版社

图书在版编目(CIP)数据

程益泰商号经营史料选辑/程源编著 . 一上海：上海财经大学出版
社,2014.10
ISBN 978-7-5642-2011-2/F·2011

Ⅰ.①程… Ⅱ.①程… Ⅲ.①服装-商业企业-史料-中国-近现代
Ⅳ.①F717.5

中国版本图书馆 CIP 数据核字(2014)第 215152 号

□ 责任编辑　石兴凤
□ 书籍设计　张克瑶
□ 责任校对　胡　芸

CHENGYITAI SHANGHAO JINGYING SHILIAO XUANJI

程 益 泰 商 号 经 营 史 料 选 辑

程 源　编著

上海财经大学出版社出版发行
(上海市武东路 321 号乙　邮编 200434)
网　　址:http://www.sufep.com
电子邮箱:webmaster @ sufep.com
全国新华书店经销
上海豪杰印刷厂印刷
上海叶大印务发展有限公司装订
2014 年 10 月第 1 版　2014 年 10 月第 1 次印刷

787mm×1092mm　1/16　12 印张　211 千字
定价:60.00 元

序

　　程源先生收集和编著的《程益泰商号经营史料选辑》一书，由上海财经大学出版社出版问世，可喜可贺！我想，这本商号经营史料集的出版，从小处说，对于近代商号史、商业史的研究有推动作用；从大处说，对于中国经济史的深入开展以及当代人对中国历史国情的了解都将发挥积极的作用，故是一件十分有意义的事情。

　　众所周知，在中国悠久灿烂的文明发展史中，商业文明是奠定其基础的重要部分之一。中国历史上的多个王朝虽然都奉行"重农抑商"的政策，但中国的商业发展仍然达到举世公认的高度，中国人的经商才能和智慧仍然持续闪烁着不可磨灭的光芒，也为炎黄子孙留下了丰厚的精神遗产。但是，在回顾和研究中国商业发展史时，研究者却常常会碰上难以克服的障碍：由于种种原因，历史上遗留下来的商业史料数量太少，特别是商号的货款收付、账簿记载、货物流通往来的手续程序和商业网络的形成等资料，都成为珍稀散见的东西，关于商号日常经营管理及业务变迁的原始记载则尤为稀少。无疑，这种资料偏少的状况对于我们深入了解中国商业发展史特别是区域商业发展演变、阶段性特点和具体典型商号的发展状况，都难以避免陷入"无米难炊"的窘境。这种状况，也成为制约研究深入开展的重要因素。

　　特别是在 19 世纪中叶，当西方列强的坚船利炮强行打开中国的国门，西方工业革命后产生的大量工业制品源源不断地涌入中国，冲击和改变历来的中国经济结构，并持续不断地改变中国社会生产生活面貌时，中国的商业也不可避免地发生了改变。但是，在社会整体和面上都知道有所改变的情况下，内里的具体改变过程是如何进行的？西方的商品是如何进入中国并渗入广大中国地区的？中国的商号在此大的时代变革中又是如何操作和应对的？针对这些问题，需要有更多详实和具体的资料才能够回答。正是在这样的基础上，程源先生编著的这本资料集才愈发显出它的价值和珍贵。

程益泰商号是位于江苏中部东台县的一家民间普通商号,成立于1906年,先是经营成衣业。1916年增加布业成为衣布庄,后在1926年停歇农业主营布业,因善于经营和讲求信誉,规模逐步扩大。1928年,在看到五洋百货业市场"可以迅速充实各地及乡村市场"的广阔发展前景后,程益泰遂"在原有布业的基础上,又新增加洋广百货业"业务,商业往来除此前的上海、杭州、苏州、镇江、常州、南通、如皋、海安等地外,又增加了扬州、泰州、姜堰、东台等地的商家往来。一时,程益泰"布业与洋广百货业生意兴隆,十分红火"(见该资料集"程益泰商号的历史实录"),与其有商业往来的商号达140多家。此后,程益泰商号经历了三十年代的发展、抗战时期的艰难和战后的萧条,在五十年代中期随着全国的对资改造公私合营而消亡,程益泰商号也结束了自己的发展历程。

程益泰商号的历史不是很长,只有半个多世纪,规模也不如上海的先施、永安那样的大型百货商店,可以说是一家比较普通但却展示出强大生命力的商号,是中国千千万万个类似商号的缩影。但是,正是在他们的身上,在他们的活动和经营中,继承和发展了中国悠久的商业传统,构筑了中国商业发展的脊梁,带来和造就了中国灿烂的商业文明,投射出近代中国由农业文明转向工业文明、由传统经济结构转向近代市场经济结构时期的特点。这本《程益泰商号经营史料选辑》正是通过这些留存下来的原始资料,点点滴滴地将这段历史展现在我们面前。而能够留存和反映这段历史的原始资料,哪怕是点点滴滴,在今天,也实在是数量不多,弥足珍贵了。

这本商号资料集由六大部分组成,分别是程益泰商号的历史实录、程益泰商号的商业单据与信函、程益泰商号的账册、程益泰商号的遗存实物、商品广告和商品价目表。其中,最重要的是前三部分,也就是程益泰的历史实录、程益泰的商业单据和信函及程益泰商号的账册。程益泰商号的历史实录中,包含程益泰商号的"劝世良言"与店规,程益泰商号的商业"常用私语",程益泰商号的经营广告与往来信函等难得见到的商号内部资料,这些商号的经营规矩和常用"私语"在当时一般都是店家秘不示人的商业机密。

通过这些资料,可以让我们了解到当时中国商家内部的经营规则和得以发展壮大的秘密。除此之外,还有程益泰商号创办人程楚卿参加的民间集资做会的"八友会折"原件。民间做会是部分志同道合者解决因资金周转不及时或解决某人对一笔较大款项需求而产生的解决办法。但过去有关"做会"这种办法的文字资料留存得很少。这份"八友会折"将做会时需遵循的守则、需承担的责任义务和权利等方面的内容以文字的方式原封不动地展示在我们面前,因而也是难得的了解民间资金运行的实物资料。

在程益泰商号的商业单据与信函中,包含了这家商号从各地进货的商业票据(其中又分为发货单、发奉、抄奉、水单等);收款和对账的商业单据与信函;寄售、代销、退货的商业单据与信函等实物资料。这些资料,除了在读者的面前展示出当时商号正常运转时各个环节的运作方式,甚至包括退货的手续等外,还展示出一家在不是大城市的中等规模的商号所能够连接的商业网络和人脉联系。

这本史料集还包含程益泰商号的各种年份的账册。账册主要是一家商号经营内容和业绩的原始记录,从中不仅反映了这家商号的发展经历,还可以从其中记载的不同商品种类反映出市场变化、物价涨落以及与各地商家的往来信息。程益泰商号的账册中还记载了这家商号所需上交支出的各种主要捐税等内容,是直接和具体反映时代变化的第一手资料。程益泰商号保留下来并收录进来的账册,主要有1917年、1918年、1920年、1921年、1930年、1932年、1936年、1938年和1950年至1951年的账册。这些账册年代虽不是很连贯,所反映的时段也不是很长,但有心人会发现,这些账册所历经的时代包括了北洋政府时期、南京政府时期、抗战前后和中华人民共和国初期四个大的时段,从中可以反映出大的时代变迁对基层社会的影响和冲击。

这本资料集收录的程益泰商号遗存实物、商品广告及商品价目表,与其他三部分的内容结合,则可以使读者对当时商业的进行状况和特点有一个较为立体的、形象和全面的认识。这本资料集中所刊载的资料,都有彩色的照片。刊载的照片中,有的原来是雕版的印刷体,在空白处写有文字或数字,有的是二者的混合体,再加盖有各种防伪章和商号的标识等体现自己商号特色的东西,有的发票上还印有宣传自己商号货品等的广告等内容,可谓形形色色。但不管原来是书信账册还是其中的文字或是数字,均为毛笔所书,有的还用与现在不同的中国旧式记账数字所写,现在都被编著者程源先生以正楷印刷体字抄写,成为二者的对照,以方便读者辨识。

这些,都为今天的读者了解当时的商业运作和商家习惯等提供了方便,也是这本程益泰商号经营史料选辑的可贵之处。

除此之外,更加难能可贵的是,这本《程益泰商号资料选辑》的编著者程源先生,是这家商号的直系后人,正是因为他的努力,历经种种困难和几十年时间的持续不懈收集,才使这些资料不致彻底地消失在历史的长河中,而使后人学习和了解这段历史,有了弥足珍贵的实物图证。程源先生收集整理这些资料的动机,据他自己说,"一来可以为我们家族前人艰苦创业的档案做个记录,二来可以作为当时东台民间商业的一种资料文献"。

为此,程源先生付出了艰辛的努力。其中的艰辛从一件事情中即可见一斑:据他自己说,为收集"包括我祖父家族开业的资料",他在"整个富安镇的废品商店里面,所有的都进行了清仓,来回花了一个多月的时间,最后才收集到一部分商业票据"(上引均见 2011 年 12 月 24 日江苏电视台长江视野栏目专题片《半生情缘寄收藏》中笑宇采访程源解说词)。

我是经人介绍认识程源先生的,才了解到程源先生所做的这个非常有价值和意义的事情,既震惊于这些资料的价值,也佩服程源先生的精神,故与之联系。现在这批 1500 多件原件资料已被上海财经大学商学博物馆(正在筹建)所收藏,相信这些资料一定会在上海财经大学教书育人中长期发挥更大的作用。而今,值此程源先生所编著的这本史料选辑即将出版之际,我也愿意聊书上述几语为序,作为读者了解此书时的背景参考和入门介绍。

中国商业史学会副会长、复旦大学历史系教授　朱荫贵
2014 年 6 月 8 日

目录

第一章

程益泰商号的历史实录

陆画歆远已襄要多方乞惧申团事之时改真运销

隐意而和海货鲜老0若邑完卖于斯俗元如如

由来货走全於延日久沟世到母一群因束主持

陕咨日再曹起贫走唐此急日莠荷中印铺咖日因

团信盈安二歆亮将老成付制一申铺岽于南情

1

电视台播报:程源先生珍藏的"程益泰商号"资料

——江苏国际频道长江视野栏目专题片《半生情缘寄收藏》解说词

2011 年 12 月 24 日

主持人:笑宇

解说人:笑宇、程源

笑宇:我们来说说收藏,大多数人爱好收藏古董、字画等,而在东台有一位老者就喜爱收藏所谓的旧物,乍一看来,物品稀疏平常,但仔细揣摩,平淡中亦有浓情,细微处能见到真意。

大多数人爱好收藏古董,诸如陶瓦瓷片、钱币字画,闲时把玩品趣,其实只为待价而沽;而有些人却爱收藏琐碎的旧物,为的只是留住一段回忆。

东台富安"程益泰商号"——清朝光绪年间东台县衙管辖下的一个贸易集镇上的一家小布庄。即使百年已过,放到贸易兴盛、商铺如林的近代,亦如恒河一沙、微尘一粒而不值一提。可对程源来说,却是一段美好的记忆、一个遥不可及的过去。

程源整段人生的时码线,都因为当年一次的偶然收藏而变得不寻常。

程源:我年轻时一次偶然的机会,家里拆迁,很多东西要处理,我当时就发现了一堆票证,就感兴趣地把它们保存了下来。退休以后,就想把这件事继续做下去,尽量收全和多收一点,一来可以对我们家庭前人艰苦创业的档案做个记录,二来可以作为当时东台民间商业的一种资料文献,所以我感到这种收藏很有意义。

笑宇:到目前为止,程源已征集到程益泰商业票据 300 多份,时间大多在 1914 年至 1936 年,地域涉及上海、苏州、常州、镇江、扬州、泰县等地共 140 多家商号,有发票、送货单、对账单、纳税收据、流通找零券、实寄信封、明信片以及广告牌等。

程源:这个收藏实际上我是花了很大精力的,包括我祖父家庭开业的资料,我是在整个富安镇的废品商店里面,所有的都进行了清仓,来回花了一个多月的时间,最后才收集到一部分商业票据,每找到一点都是很高兴的。

笑宇:从当时一时兴起的保存,再到后来程源不断向曾经交往的商户征集,时间跨过了30年,当时的商铺都已凋落进历史的尘埃,如今新一代程家人也已开枝散叶,而程源的收藏也渐渐影响到后来人,并成为一种精神激励。

时过境迁,程氏前楼、后楼俱已拆迁,益泰三位主人已故,然招牌票证犹存。睹物思情,可思当年创业之艰难,百年经历实令人感叹,可唤后辈勤俭致富、正直做人,则前程远大、后步宽宏矣!

程源:在我的收藏过程中,也不断了解到我祖父的创业经历,程益泰这个招牌是祖父所创,祖父10岁丧父、20岁亡母,一开始在人家衣店做学徒,生计极为艰辛,后来到富安开店创业,逐步发展起来。我觉得这对后人非常有教育意义,后来很多人觉得我收藏的东西不那么珍贵,还整天当个宝贝似的,我也就一笑了之。

笑宇:我们还从这些收藏中发现了一些有趣的东西,比如当时的名片是一种诚信度非常高的交易凭证,类似于现代的信用卡。

程源:这是清末民初的一张普通名片,虽然它只是一张小纸片,但是它的作用不一般,这种名片的信誉度非常高,含金量也很高,很多时候见到这张名片如见到其人,凭这张名片有时也可以提前取货,进行交易。

笑宇:每逢大年初五财神日,当时商家寄往的信件,还必须有红封面,要带好兆头,而从大量保存完好的商业信函中,我们还可以大概了解到那个时代民间商业的风貌。

如今的程老已经步入花甲、古稀之年,这数十年的收藏,每次都带给老人不一样的感触和感动。仔细想来,中华民族之所以数千年来延绵不息,与每一个中国人身上这种承继的责任感密不可分,中国人修身、齐家、治国、平天下,一家之史浓缩的也许是一个时代群体的记忆和情感。

2

程益泰商号的起源与发展史记

从现有的家庭历史资料来看,作者程源为第十世传人,其第一世至第五世先人均居住于富安,第六世蔚堂公于清道光年间迁居安丰,蔚堂公及第七世麓云公在安丰开设"程德泰衣店"。第八世楚卿公十岁时,麓云公去世,家庭中落,"程德泰衣店"歇业。楚卿公寄居安丰二姑母家,稍长,即在二姑父开设的"夏明源衣店"学习衣业。坚持刻苦自励,知识渐开,每日废止朝食,从事储蓄。数年以来,所习之衣业既精,而囊中亦稍有寸进。孰知光绪三十一年,楚卿母赵太夫人逝世,楚卿公所蓄之资,因丧葬而用之欲罄。楚卿公自叹命途多舛,时运不济。正当楚卿公忧伤交集之时,适有富安何瑞华、周氏夫妇,知楚卿公大有作为,不厌其贫,而将次女永珍许配楚卿公,楚卿公有所因依,于光绪三十二年,来富安开设"程益泰衣庄"。得到徐姓裕宁钱庄及亲戚提携,假以巨资,而衣业遂蒸蒸日上,不断发展壮大。

楚卿公原配夫人何氏因患痨症,不幸于宣统二年逝世,年仅二十三岁。因何氏未育,无子女挽钉,其灵柩为"悬钉"在家供奉。宣统三年,楚卿公续配沈氏,沈氏为安丰商家闺秀。民国二年长子式和出生,用式和的头发为前母何氏挽钉,然后安葬于祖茔。式和公的乳名为"和生","和"与"何"同谐音,楚卿公取"式和"、"和生"之名,亦为纪念何氏之意。

楚卿公与沈氏配合默契,楚卿公主管与外地商家联系、筹备资金、组织货源、掌握市场行情、研究与制定营销策略、加强店中内部管理,每年大部分时间来往于大江南北,其春秋两季,必速客他乡,穿梭于上海、苏州、常州、镇江、扬州、泰州、姜堰、南通、如皋、海安等地。也经常与货同车(船)返回,到附近噇口、李堡等地送取货物,都是木制独轮车装货物,楚卿公跟随货车步行,饥饿以饼粑充饥,常遭风雨,历经辛劳。

沈氏主内,负责店中经营管理、员工及家庭生活安排等事宜。"程益泰衣庄"开设初期在富安闹市区板桥西首坐南朝北,前后三进,有先生、员工等十多人,如管事、账房、外勤、门市营业、裁剪与缝制等各项业务,沈氏均管理得井井有条,"程益泰"在各地商界信誉极高。很多商家主动将货物存放、寄存"程益泰"销售或代销,这也缓减了资金的压力。

"程益泰"商业信誉极高,其中重要的内容是加强对员工的管理与引导,从"壬子年(1912年即民国元年)元宵日"《益泰衣庄制定的奉劝良言与店规十条》的内容可以看出,益泰主人楚卿公与沈氏将提高员工素质与维护益泰声誉紧密联系在一起。要求员工善待社会,注重道德涵养,正直做人,于人、于己、于家庭、于店铺、于社会均大为有益。另有十条店规,严格要求员工做到,如第一条:"同人引诱闲人,嫖赌吃食洋烟,察出立即辞退";对货品管理、短损责任、营销业务都有明确规定;同时也规定,逐月俸金倘有余存,至结账时核算,照二分递加,如过者,另图良策;又规定,同人俸金不敷,允许暂悬,在规定期限内扣除;也规定了员工的早茶补贴、各班补助及奖赏标准等内容。《益泰衣庄制定的奉劝良言与店规十条》大大提高了益泰员工的素质,也大大调动了益泰员工的积极性。

"程益泰衣庄"在不断发展壮大,楚卿公曾在噇口镇(现属海安县)开设了"益泰衣庄分号"。程益泰衣庄在各种类型的成衣制作及加工订货中,耗用大量的绫罗绸缎、各色布匹以及各种辅料物品,楚卿公经营理念灵活,接收领悟力强。随着张謇先生在南通及苏北沿海各县兴垦殖棉、兴办大生纺织物公司,南通的棉纺织业迅速发展,大量的机织布匹涌向市场,由于机织布花色新艳、价格成本低廉,深受各界人士喜爱。楚卿公于民国五年(1916年),利用库存的大批绸缎、布匹,在益泰衣庄对门即街北租房增设益泰布号,发挥了衣、布两业优势互补、联手发展的良好状况。

由于程益泰业务的发展,街南、街北两处经营,员工人数增多,在对待顾客和接待客商的过程中,为了方便店内人员研究商量问题,如对顾客或客商人品的表态、价格的升降幅度、能否悬欠等事项,这些问题内部要商量研究乃至决定,这个过程既不能回避顾客或商家,又不能让他们知道,所以编制了一套程益泰内部"市语",供员工内部交流使用。

楚卿公常年在外,对各地市场行情了如指掌,并能领略各地商家成功的理念,为自己所用。楚卿公于庚申年(1920)在镇江藻文石印局印制的"程益泰衣布庄"的彩色宣传张贴广告,广告中标明优惠顾客和"逢五逢十,足尺加一"等市场竞争的词句。又如楚卿公还在外出上海、镇江的途中,连续发两封信至店中,表明已办洋货布匹两千余元,各色衣货也有千数百元,根据外地的行情,要求"店存贵货土布等,望见机而作",并标明"回来之时,改良运销"。

正当"程益泰"红火发展、楚卿公得心应手的大好时机,病魔突然向楚卿公袭来,民国十一年(1922)秋,楚卿公终因操劳过度而患病,一病不起,病未百日,于民国十二年

(1923)正月十二日谢世,时年40岁。"程益泰"倒了中坚,社会各界及外地商家都在拭目以待:"程益泰"今后的情况如何?

楚卿公谢世时,当时长子式和10岁、女儿凤珠7岁、次子式春4岁,店内还有10多位员工,社会上广大善良的人们对程益泰的不幸给予同情和关注,但也有少数商家乘机搅错账目,个别员工也将账务收入收进自己的口袋。在复杂的情况下,沈氏权衡全局,发挥了她的才能与智慧,继承楚卿公遗志,继续支撑着"程益泰"的延续发展。

沈氏带领年幼的长子式和共同研究抉择今后的发展,先后辞退了部分多余的员工,亲自接待外地商家并且理清了与各地商家的往来账目,继续保持着诚信往来的密切关系。沈氏与长子式和亲自主持门市经营,沈氏是标准的三寸金莲,不能较长时间站立,所以在柜台里总是跪在椅子上做生意。长子式和年幼人小,在柜台里总是站在小凳上做生意。"程益泰"这一跪一站的经营特色,让社会各界及广大外地商家无不为之感叹,从而更加关心和支持"程益泰"。

沈氏出生安丰商家闺秀,受过良好的传统道德教育,在业务上,沈氏精通裁剪技术,指导员工划线、开片、裁剪,尽量节省布料,努力降低成衣成本,增强市场价格的竞争力。沈氏的算账能力也是很突出的,如顾客家有喜事来购买七八块布料,沈氏帮助搭配选好花色,估算尺寸恰当,结账计算先是七八笔乘法,然后再将七八笔金额累加起来,就是结账结果了。沈氏算账全为"心算",速度相当快,与用算盘计算的时间差不多,而且相当准确,顾客如用算盘复核,绝不会相差分毫。这样的算账,每天总有好多笔,而且每天如此、月月如此、年年如此。

沈氏长子式和公也是奇才,过早地担负起"程益泰"的重担,与寡母沈氏相依为命,共同决策各项重大事情。十岁就开始站在小凳上做生意,十三岁时,将祖茔扩地七亩,于当年腊月,将楚卿公灵柩安葬于先茔。在楚卿公"三载"忌期"祭文"中写道:"吾父谢世以后,吾母继续父志,农业并未停歇,而京货独能日见发达。不过吾母食不暇饱,坐不暇暖,其心力之交瘁为何如乎?""以至吾父虽谢世,而家道尚能进步。今年冬初,曾于先茔之旁,续置熟田七亩。兹择腊月十八日,将吾父安葬于新灶先茔之穆穴。从此吾父之灵既安,不孝等谨遵母训,力求上进,庶儿慰吾父于地下也乎!"从祭文中可以看出沈氏及长子式和在三年里付出的艰辛努力,"程益泰"仍在继续发展。

1926年(民国15年),"程益泰"停歇农业主营布业,式和公14岁,已经学会并掌握经营要领。为了进一步发展布业经营,与母沈氏商议改进装修店门面,决定将店房后的小天井封盖,增加营业面积,店堂内改设三面柜台。门沿走廊则铺设大块青片石和大条型砖,大条型砖是式和公到东台城庄姓窑主专门加工烧制的。

1927年(民国16年),式和公15岁,当时兵荒马乱,社会政局不稳,生意清淡,式和公与母亲沈氏商议拟想抽出部分资金购买农村田产。经人介绍,在湾子庙附近购买许恭三良田28亩,金额2 000余元。由于年仅15岁的式和公与沈氏经验不足,开始说是分期付款,但到签约时一定要一次付清,这给店中的资金带来影响。买下此田后,一直为刘裕德家耕种。

1928年(民国17年),式和公16岁,他看到五洋百货业的商品市场前景广阔,可以迅速充实各地及乡村市场,因此"程益泰"在原有布业的基础上又新增"洋广百货业"。"程益泰"原本与外地厂商一直保持着很高的信誉和密切的关系,如上海、杭州、苏州、镇江、常州、南通、如皋、海安等地。增设"洋广百货店"后,又增加了扬州、泰州、姜堰、东台等地的商家往来。从此以后,年轻稳重的小老板式和公备受各地厂商的尊重与敬佩。在沈氏与式和公的共同操持下,"程益泰"的布业与洋广百货业生意兴隆,十分红火,店中经营大有起色,式和公的妹妹凤珠和弟弟式春也开始跟着学做生意。式和公继承和发展了楚卿公的经营思维和方式,他与母亲沈氏在"程益泰"的继续发展过程中发挥了巨大的作用。

1940年,父亲与叔父分家。随着"程益泰"的不断发展,式和公及弟妹也相继长大成人。1934年,式和公与张志玲结婚成家;1935年,长子程同根出生;1939年,次子程同松(现名程源)出生;1939年,式和公的弟弟式春与卢莲结婚成家;1940年夏,由族长永住老和尚主持,父亲式和与叔父式春分家。父亲式和公在原店面继续经营布业,仍旧使用"程益泰和记"的商号招牌;叔父式春很少经营,主要靠田产生活。

1946~1949年,富安、海安两地经营。抗日战争胜利后,又是四年解放战争,富安战事频繁,经常处于军事双方拉锯式战争地带,不利于商业经营。1946年,式和公与富安商家王瑞芝、程式金、程式玉四人合伙,到邻近的海安镇中街城隍庙东首开设了"瑞生和布号"。式和公与他人合伙开"瑞生和"一段时间后,合伙人又拆股分开。拆股后,式和公便在海安东大街单独开设布店,店名为"协泰和布号",单独开布店的这段时期生意不够正常,在海安经营期间,正值国民党即将垮台之时,滥印钞票,物价飞涨,民不聊生,在海安经营期间亏损惨重。式和公在海安经营期间,家中由我母亲张志玲及祖母沈氏协助做些生意,式和公两地(海安、富安)都要照应。随后海安、富安解放,仍回富安经营布业。

1949年新中国成立之前,式和公回到富安老家原址继续经营"程益泰布号"。解放后,式和公遵纪守法,按章纳税,响应政府号召,曾记得街头宣传队还高呼口号,号召各商家向程益泰老板学习,积极参加捐款购买飞机、大炮,支持抗美援朝;踊跃购买胜利折实公债,支援国家建设,积极提前完成任务。

1952~1953年,"程益泰"与富安其他商家一样,曾处于关店或半关店状态。解放以后,新政权对商业税收管理还是严格的,如商家要到富安税务所备案及领取销货发票,规定一货一票,税务所还组织很多人员在各商家门外秘密查访顾客所购之物,是否开了发票,是否按规定贴销印花税票,缺一不可,否则视为偷、漏税,当即予以重罚。这些规定,商家都能乐于接受。因为发票管理很严,每个商家按月、按季、按年的营业额,基本上可从使用的发票上计算出来。但当时税务所确用评与比的办法来确定各个商家的营业额,即在各家自报的基础上发动雇用店员或其他人员等,对各商家的营业额不断相互攀比抬高,节节上升,有的能高出10多倍。如果按高出若干倍的营业额来缴纳营业税,则商家变卖商品后尚可缴纳。如果再按照高出若干倍的营业额来缴纳所得税,那就不得了啦!商家实在无法完成。如商家拖延不缴或抗拒缴纳,则采取大会批斗以及抓人的办法,批斗会场是解放初期西街一家崔姓地主的院落改进成的戏院,每天晚上都在戏院召开大会,各行业商家轮流上台检查与表态,稍有怠慢,台下发动的观众就会高呼口号,整顿其态度。在布业中有一对张姓兄弟、一对程姓兄弟几次上台亮相,老百姓称之为"萧何追韩信";当程式和上台后,双膝一跪,说道:我家吃的是粯子饭糁儿粥,我每天所卖货的钱全部都缴了税,还到乡间借了不少猪子,卖出后也缴了税,连女奶奶的金银首饰也都送到税务所,作价缴税,现在仍在想办法。老实人讲的都是实话,可能感动了台下的观众,被观众"轰"为软下台。有一吴姓店主,缴税进度不快,又无明确的表态,批斗会上宣布立即押送东台监狱。在这样的情况下,富安镇的商家全部处于关门或半关门状态。当年东台、梁垛、安丰等地的情况,也都如此。

1953年秋~1954年春,政府部门又重视发动和组织富安广大商家重新开业经营,但因商家元气已经大损,多数为2~3家合并开业经营,后来逐步转为合作商店或合作小组。

1955年冬,随着国家对工商业的社会主义改造,富安镇棉布业全行业实行公私合营,由原来的30多家私营布店合营后成立"公私合营富安棉布总店",总店下设6个门市部。公私合营的棉布店后来并入了富安供销社。1955年7月至1956年8月,我曾在富安棉布总店工作一年多。

1956 年农历八月初二,祖母沈氏逝世,享年 70 岁。沈氏所处的时代正值军阀混战及抗日战争的兵荒马乱年代,孤儿寡母的经商及生计更为艰辛与困难。沈氏的道德和功绩,名闻遐迩,富安地区民间皆知。

纪念沈氏的"祭文",由清末秀才、一代清官富安知名老人王砚芬老先生所撰并宣读,他对楚卿公和沈氏的评价是"夫功妇德",特别褒奖了沈氏贞节、贤淑的一生,是深明大义、不平凡的女性,赞扬她奋发几十年,信用经商、道德做人,实为女性楷模。

式和公自 1955 年进入公私合营棉布店至 1972 年 12 月,经东台县革命委员会政治部批准,在富安供销社退休,在此期间,他一直担任棉布营业员。1976 年元月,式和公参加了东台县革命委员会召开的表彰大会并获奖状,表彰他在 1975 年"农业学大寨"运动中成绩显著。

自 20 世纪 50 年代起,父亲常用"实和"名字,后来"实和"与"式和"都用,但居民身份证上用的是"实和"。1980 年 4 月 12 日,东台县革命委员会发出通知:"根据中共中央一九七九年八十四号文件的规定,经批准,将程式和同志从原工商业者中区别出来,明确其本来的劳动者成分。"

父亲式和公退休后与母亲张志玲参加民间居士学佛活动,共同皈依上海玉佛寺方丈真禅大师,俩人都能默念和背诵多部佛经。在生活上"粗布衣、菜饭饱",从不浪费。两人均能熟背《朱柏卢先生的治家格言》,并以格言为座右铭来对照。他们始终保持着勤俭节约、知足常乐和助人为乐的各种好习惯、好心态。

父亲式和公于 1998 年农历十月初四逝世,享年 86 岁。

几十年来,母亲对"程益泰"怀有特殊的情感,1999 年富安城镇改造拆迁时,母亲面对旧房怀有深厚感情,多次泪流满面。当发现了 1920 年"程益泰"在镇江藻文石印局印制的广告后,母亲为此又添加短文《程益泰百年简记》,裱制后分发子女,以示承前启后。

母亲张志玲晚年所作的《程益泰百年简记》短文

富安"程益泰"商号开设于清朝光绪年间,系家公楚卿公所创。楚卿公因积劳成疾于 1923 年初逝世,时龄四十。此后,"程益泰"即由婆母沈氏再支助夫君式和继续经营,支撑家庭,其建业风范闻名遐迩。夫君式和年仅十岁即随婆母从业,启用"益泰和记",继承发展家公所创衣布业,且新增洋广百货,实属奇才。后因战乱,时局变迁,专营布店。新中国成立后,夫君参加棉布业行业公私合营,商号并入供销社。夫君于1972年退休,1998年11月谢世。1999年12月,为响应政府号召,重新规划富安建设,程氏前楼、后楼与众多百姓之房一起拆迁。现"程益泰"三位主人已故,然招牌尤存,睹物思情,可见当年创业之艰难。"程益泰"百年经历,实令人感叹,若能唤起后辈勤俭致富、正直做人,则前程远大、后步宽宏矣!

一九九九年十二月三十一日　张志玲记

母亲张志玲于2009年农历五月廿七日逝世,享年93岁。

"程益泰"两代主人虽仙逝,但其创业风范和敬业精神实令人赞叹;商业道德和诚信经营的传统,也为社会所敬佩;勤俭节约、助人为乐、与人为善、做事严谨的风气,以及良好的家风、人品、素养,给我们后辈留下宝贵的精神财富,激励我们不断进取、奋发向上,做有利于国家、有利于社会的人才。

3

程益泰商号两代经营者的名片与相片

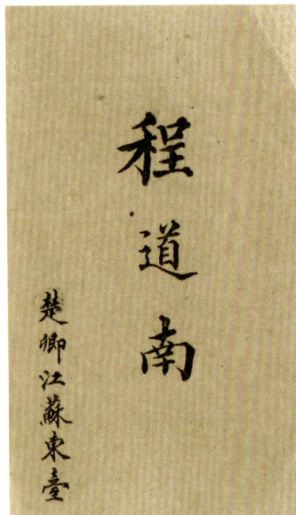

图一

祖父的名片(见图一)

祖父程楚卿,字道南(1884~1923年),光绪三十二年(1906)开设程益泰衣庄。民国五年(1906)添创布业,改为程益泰衣布庄。常年奔走于大江南北,穿梭于各地商家之间,当年使用的名片。

祖母的瓷像(见图二)

1946年春,祖母沈氏(秀贞)60岁生日,本着勤俭节约的家风,不宴宾客。在父亲和叔父的劝说动员后,祖母答应去拍一张小照,记得当年富安街上的一家照相馆店名为"二我"。由我搀扶着祖母,随父亲、叔父一起前往"二我"照相馆,"二我"照相馆开设在街东磨担巷内,离我家不足 100 米远,走路的时间还觉得很长,因为祖母的脚被裹得很小,是标准的"三寸金莲",所以走得相当慢,我还拿着一张小凳,好让祖母途中能坐下休息数次。虽然距离不远,但对足不出户的祖母来说,为了拍张小照而走这么远已经是很不容易了。60 岁花甲之年照相留影,十年后,年迈古稀的祖母逝世,然而留下了珍贵的照片。

图二

1960 年,我在家中发现当年祖母的照片,因我在江西水利电力学院工作,就将此照片带到南昌,绘制瓷像,并配上父辈的词句。共绘制两方瓷像,一方留父亲,一方送叔父。

瓷像上部从右向左横写:"先显姚程门沈老孺人遗像"

右侧上部写:"从德无亏 精神不朽 相逾花甲 龄迈古稀"

左侧上部写:

生于一八八七年农历二月十九日

殁于一九五六年农历八月初二日

下部两侧各写四句诗词,

右为:"忆母功劳大 思亲恩情深 诸般对不起 惭愧怎为人"

左为:"暮景归何速 不孝悔后迟 敬劝有亲者 报恩早及时"

瓷像卜部标注画像单位:南昌市瓷相工艺合作社

父母亲的相片(见图三)

父亲程式和、母亲张志玲于 1991 年 10 月在上海龙华寺龙华宝塔前合影。

图三

程式和的退休介绍信、奖状、落实政策文件

东台县革命委员会政治部 1972 年 12 月批准退休（见图四）。

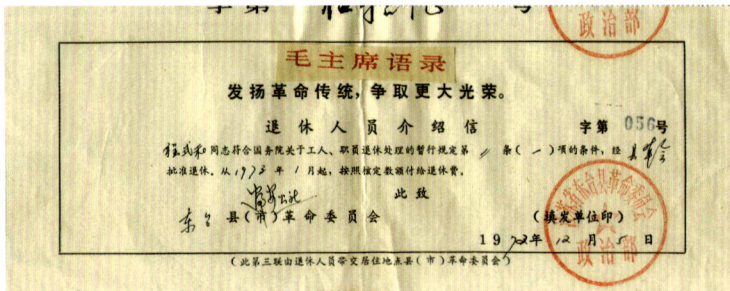

图四

1976 年元月,程式和获东台县革命委员会奖状(见图五)。

图五

1980 年 4 月,东台县革命委员会通知:根据中共中央一九七九年八十四号文件规定,经批准将程式和同志从原工商业者中区别出来,明确其本来的劳动者成分(见图六)。

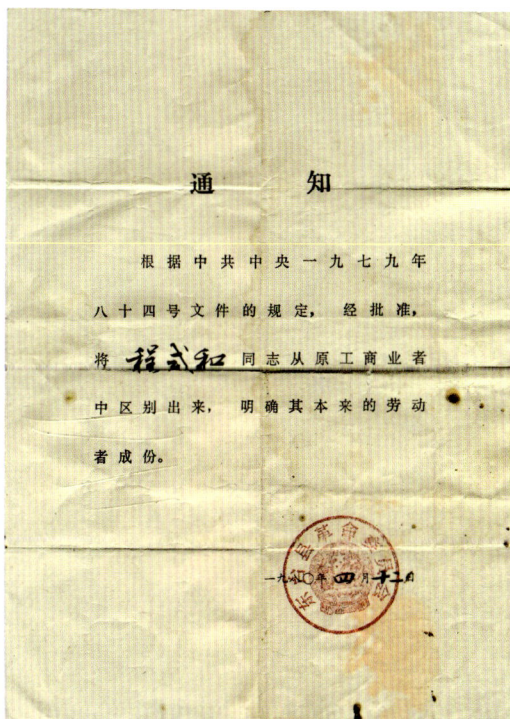

图六

4

程益泰商号的“奉劝良言”与店规

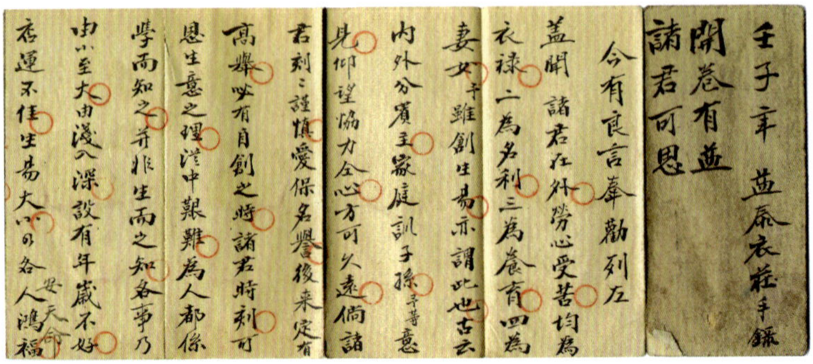
壬子年 益泰衣莊手錄
開卷有益
諸君可思
今有良言奉勸列左
蓋聞諸君在外勞心受苦均為
衣祿二為名利三為養育四為
妻女予雖創生易亦謂此也古云
內外分賓主家庭訓子孫予等意
見仰望協力仝心方可久遠倘諸
君刻刻謹慎愛保名譽後来定有
高舉必有自創之時諸君時刻可
思生意之理從中艱難為人都係
學而知之并非生而之知各事乃
由小至大由淺入深設有年歲不好
店運不佳生易大小乃各人鴻福（安天命）

图七

壬子年(1912)，益泰衣庄手录

开卷有益，诸君可思。今有良言奉劝列左：

盖闻诸君在外，劳心受苦，均为衣禄，二为名利，三为养育，四为妻女。予虽创生易，亦谓此也。古云“内外分宾主，家庭训子孙”。予等意见，仰望协力同心，方可久远。倘诸君刻刻谨慎，爱保名誉，后来定有高举，必有自创之时。诸君时刻，可思生意之理，从中艰难。为人都系学而知之，并非生而之知。各事乃由小至大、由浅入深。设有年岁不好，店运不佳，生易大小，乃各人鸿福(安天命)。而生意日见胜者，此乃诸位光华。倘有邻人，及同业者，议论贤愚，而局外人，不知谁是谁非，此乃一言难尽。但在外谋业者，切不可引诱闲人，贪食贪顽。另生奸计，透付薪资，悬欠各账。来年生意，若何说法，恐后同业知晓，亦不管奉请，此乃大坏。汝见此事，失头望尾，东走西奔，无法可想。只得请张烦李，愿认弥补。如有不道，荐保作难，总总不可自误。望汝细思，保名之友。未成进店，思量恒久。为人知足常乐，能忍自安。各事全靠本分，外人有耳有目，万不可自存他意。恐汝有本领，欲创业者，宾东得爱，难以分手。朋友谈论，到处无不敬爱。况同店之友，都有俗缘，生意大小，各分知格。倘有强霸，为富不仁，总要同气相连，协力长久，汝等万难应也。予倘有各事不道之处，诸位可面叙，不方。同人都有贤愚。贤者谏说，愚者在外访风。此等奸雄，决计不容。汝亦有耳目，每年各号，皆有上下，亦有贤愚。贤者攻巧成拙，愚者均乃自误。各镇颇多上下，用多少川资，亦有反不如初，亦有脱旧换新。都汝心不一，不知深浅。宾东分手，亦不得已耳。

另有要言，汝可常记：

古云"静坐常思己过，闲谈莫论人非"。无事可细思细思，万不可自误。倘有不应，不但汝应全，事到临头，悔知晚矣，切切谨记！乃逢东家糊涂，不问店事，同人以为此一乐也。此乃诸君细想情形，大坏同人之名誉。规则谨者，为诸君好也。切不可将事讹想。余言诸君存神，谨慎为佳。

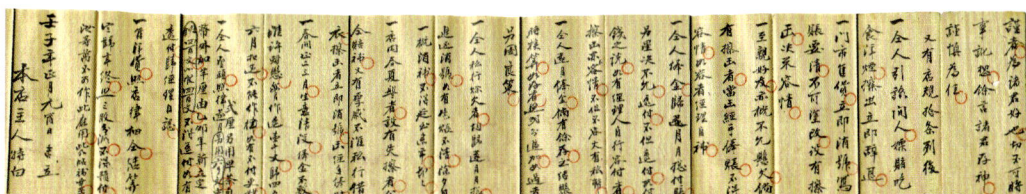

图八

又有店规十条列后：

（1）同人引诱闲人，嫖赌吃食洋烟，察出立即辞退。

（2）门市售货，立即消号，写账要清，不可涂改，设有察出，决不容情。

（3）至亲好友，亦概不允悬欠。倘有察出者，当出经手俸账，不得容情。如容者，经理自补。

（4）同人俸金，归逐月月总付账，零星决不允透付。不但透付无付钱之说，如有经理人自行容付者，察出亦不容情。不但不容，大有私弊。

（5）同人逐月俸金，倘有余存，至结账时核算。如存者，照贰分递加；如过者，另图良策。

（6）同人私行赊欠者，均归逐月月总，追还消号。如有尾账不清，除夕日一概消补，不得延至来年，切切！

（7）店内春夏盘者，设有失察者，公同赔补。又有厚戚不准私行借衣，察出者立即消号，出经手俸账。

（8）春间正二三月，生意清淡，俸金不敷，准许暂悬，每月作透壹千文，归四五六月扣还。不能作律，如有不付更妙。

（9）同人厘头，照律逐月贰厘。另用早茶自币，外加半厘。由乙卯年新立定，不得透付。如有透付,归经理自认。

(10)售洋货,照店律相同,结算定归年终,照三股分派,不得预付。汝等万不可作此应用,此乃贴补辛苦。

壬子年正月元宵日 吉立 本店主人特白

注:此奉劝良言和店规是祖父程楚卿于壬子年即民国元年制定的。

5

程益泰商号的"常用私语"

程益泰的市语,我认为称"私语"或"秘语"更为确切。一百年前,程益泰开创初期,衣店和布店隔街相望,两店员工较多,生意红火繁忙,不少事情需店内人员商量研究,如价格升降幅度、能否欠账等问题的意见表达,这些问题的商量研究,既不能回避客人,又不能让客人知道,就必须使用内部语言来表述。我父母亲生前一直使用这些家庭内部语言。

通(一),花(二),才(三),由(四),凤(五),
顺(六),利(七),托(八),边(九),通(十)。

秀丽(年轻女人),播家(女人),老播家(老年女人),
小抓家(年轻男人),抓家(男人),老郎(老年男人),
火(好),盖(坏),耳冈(理睬),闷冈(不理睬),
闷溃(不欠账),达小(钞票),花边(银洋元)。

6

程益泰商号的经营广告与往来信函

(1)程益泰衣布庄的经营广告(见图九)

图九

长 80 厘米,宽 41 厘米。

程益泰主人程楚卿(1884~1923 年),字道南,于光绪三十二年(1906)从安丰回到富安,开设程益泰衣庄。

成衣制作,耗用大量的绸缎、棉布等原料,民国五年(1916),程楚卿增扩经营绸缎、棉布,成为衣布庄。

板桥当时实际上不是桥,而是十字街口,是商家宝地。

程益泰衣布庄广告,为红、绿套色印刷,高 80 厘米,宽 41 厘米,当年供张贴宣传用。"富安"、"程益泰衣布庄"的字体较大,突出了广告的主题。"逢五逢十足尺加一"表明程益泰的经营策略,即每个月中,逢五、逢十、十五、二十、二十五、三十,这六天足尺加一,其价格相当于九折优惠。在广告中未用"折"字,而是用"足"、"加"等老百姓喜闻乐见的吉祥字语。广告上方印有两只小手直指广告内容,增强人们对此广告的吸引力和注意力。

广告下面绿字印刷内容,说明程益泰衣布庄的经营门类,零售、批发均格外克己以副雅意,欢迎赐顾。最后重复表明,逢期放尺尤为本号优待之特点。

广告左下角小字印刷"镇江藻文石印局承印",说明此广告在镇江印制。

(2)程楚卿考察市场的两封信函

此两封信为楚卿公外出如皋、上海、镇江经扬州回家,历时二十余天,分别从上海和镇江写回店中的信函。

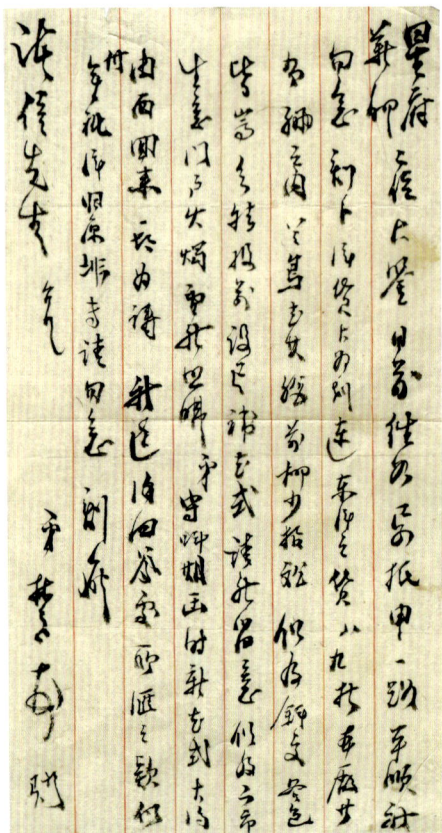

图十

第一封信(见图十)

> 星府
>
> 　华卿(注1)　二位大鉴　日前往如(注2)
> 初四抵申(注3)　一路平顺祈勿念　刻下洋货
> 大为划连　东洋之货八九折　本厂等布 5 两之
> 内　兰鸟花其(5 元 8 角)　前柳少□(9 元 8 角)
> 仍及斜文各色皆嵩　今特投前　设有讳花式
> 请祈留意　但及二市(注4)生意　门户火烛
> 望祈照沸　弟□□期出时新花式　大约由西
> 回来　一切为铸　祈达徐四爹处　所汇之款仍
> 付无讹　洋归(规)元(7 元 2 角 3 分)　专请勿
> 念　刻候
> 　诸位先生台
> 　弟楚卿顿首　九月初六

第二封信（见图十一）

益泰宝号

诸翁惠启　尊者　由申寄函谅早收到　后又寄一函震记(注5)　因借蓝客之款　想皆应付　刻下申镇(注6)两处市面清淡　各行未成起色　想店中意日若何　弟到镇两日　因申来货未全　故延日久　约廿一日到扬(注7)　一路回来　今特忽意　所办洋货两千有零　各色衣货乙千数百元　如两号(注8)出款　速上震处(注9)　不可有误　弟回来之时　改良运销

如店存贵货土布等　望见机而作　两店(注10)生意　叩托众位为祷　并候

刻安　设旭初上震记　祈将信中之意告之

弟　程楚卿　鞠躬　九月十九日

注1：程益泰店中两位管理人员（先生）

注2：如即为如皋

注3：申即为上海

注4：二市即为街南衣店及街北布店两个门市

注5：震记为富安一商号

注6：申镇即为上海与镇江两地

注7：扬即为扬州

注8：两号即为两个商家

注9：震处即震记

注10：两店即街南衣店与街北布店

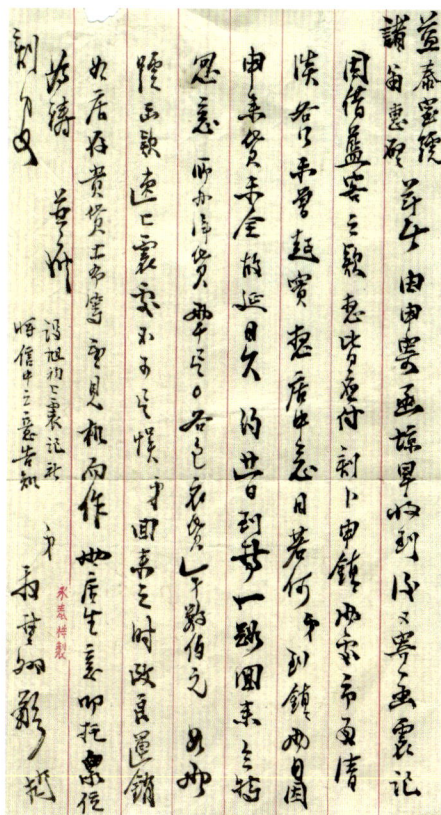

图十一

（3）如皋和丰布号致程益泰的两封信函（分别见图十二和图十三）

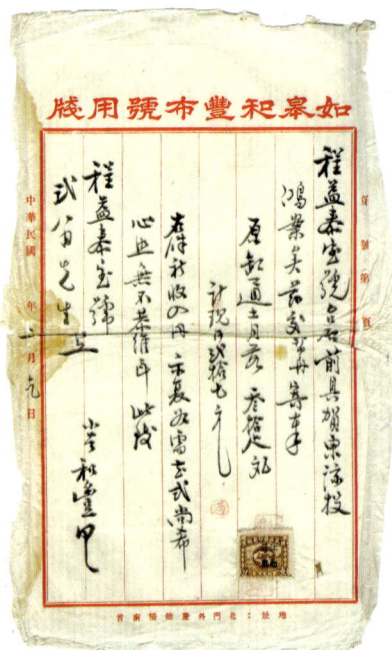

图十二

如皋和丰布号信件

程益泰宝号　台启　前具贺柬　谅投

鸿案矣　兹交帮舟寄奉

原缸通土月蓝　三十疋（九角）

计现洋二十七元

右件祈收入册　示复　如需花式尚希

心照无不恭维耳　此致

程益泰宝号

式翁先生照

　　　　　小号和丰叩　二月十九日

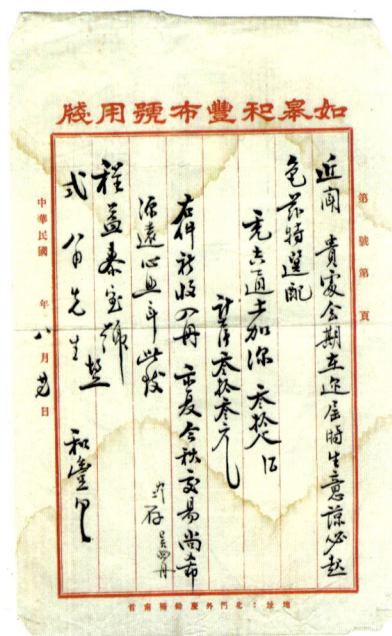

图十三

近闻贵处会期在迩届时生意谅必起

色兹特选配

秃尖通土加线三十疋（一元一角）

计大洋三十三元

右件祈收入册　示复今秋岁交易尚希

源远心照耳　此致

程益泰宝号

式翁先生均照

　　　　　和丰叩　八月二十七日

九月二日存，吴四舟（带来）。

（4）名正肃致程益泰的信函（见图十四）

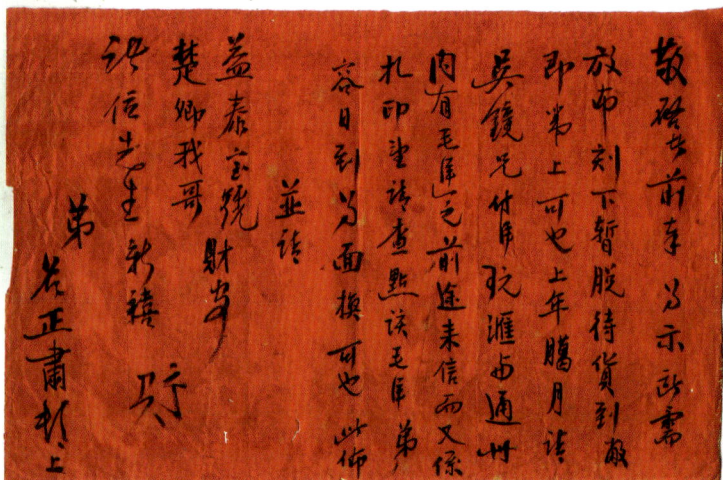

图十四

敬启者前奉尊示所需放布，刻下暂脱，待货到敝即带上，可也。上年腊月请吴镜兄付洋 100 元，汇与通州，内有毛洋 1 元，前途来信而又系扎印，望请查点，该毛洋弟容日到尊面换，可也。此布

并请

益泰宝号

楚卿我哥财安

诸位先生新禧

弟名正肃顿上

元月初六日

（因是新年后的第一封信，用红纸书写。）

7

程益泰商号收到的贺柬

每年农历正月初五为财神日，或五路财神日，各地商家对财神日极为重视，其中商家之间相互通过信件、明信片等形式，恭贺新禧、恭祝新年大发。为了表示吉祥如意和喜气洋洋，因而突出红色，其信封全用大红纸制作；在信封的中间部位，加贴长形红纸条，俗称"红封条"信封；明信片等用红色墨水书写；一般在信封的左侧还会写上"财神日"或"五路日"来突出主题。很多商家在新春第一笔生意往来，其发票或送货单，也都用大红纸书写，祝福吉祥。

五路财神为东路招财、西路进宝、南路利市、北路纳珍、中路玄坛。玄坛即赵公明元帅，在诸财神中最受崇拜。各地商家对财神菩萨极为尊重，正常在店堂上方悬空供奉财神菩萨的佛龛，亦称为玄坛菩萨。

程益泰商号在财神日收到的各商家贺柬（见图十五）。

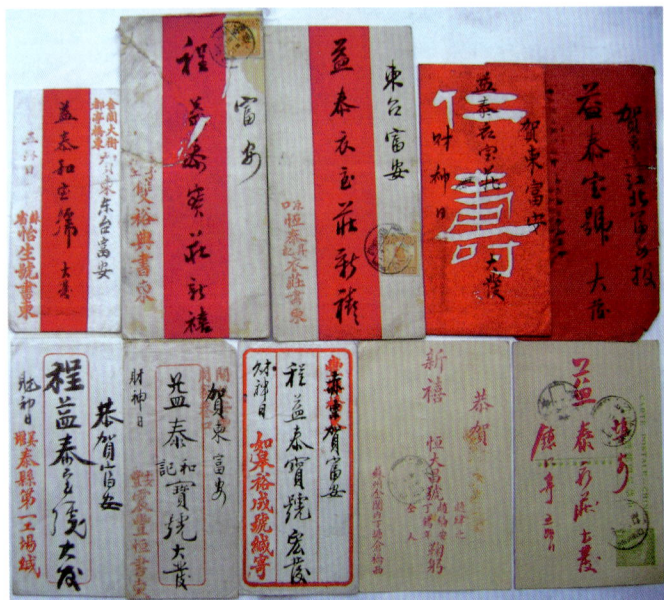

图十五

8

程益泰缴纳上下忙的收据

上忙版串,为竖式印刷。内容为:

东台县知事公署为征收上忙事今据(南)都(七)图花户(程楚卿)业田地　　亩

分　　厘完纳

中华民国九年分上忙银 3 分 8 厘

中华民国九年　月　日给执　(如有讹舛即随时呈请更正)

东字第 187 号　　左下方为一方形黑色印章,内容为"江苏省立印刷厂制造"。

该"上忙"两侧均盖有"东台县印"大型阔边方印,且两侧都有编号,此上忙应为三联

单。

下忙内容与上忙式样相同,只是完纳下忙银 3 分 7 厘。上忙、下忙为棉皮质纸,版式

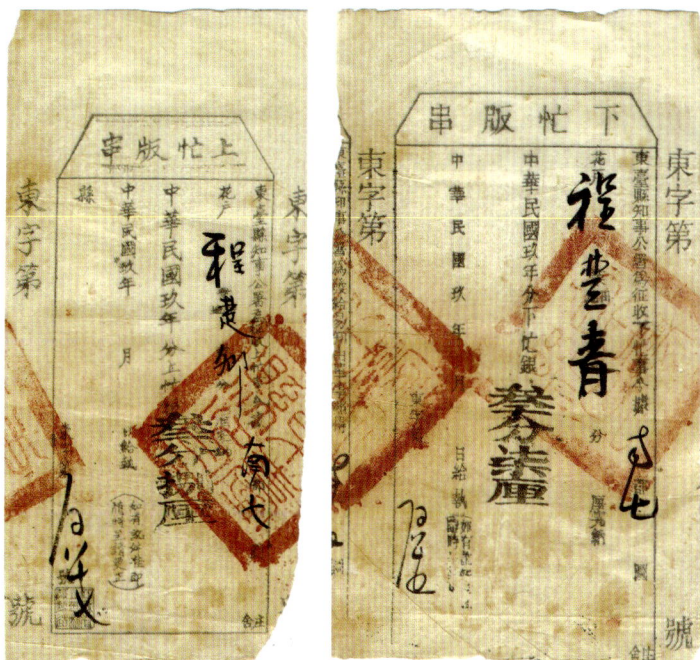

图十六

采用木刻印刷,有一黑色线框,额呈梯形。线框内正文为固定格式,均自右至左竖排,内用毛笔填写,但交银数额为盖有繁体大字的印章。

旧时对田地分期征收赋税称之"忙",清代将农业税赋每年分两期征收,第一期在农历二月至四月征收,称之"上忙",第二期在农历八月至十一月征收,称之"下忙"。五月至七月一般为"仃忙"。

"都图"是我国古时最基层的行政管理的区划名称,东台建县后,范公堤以东地区均为盐场,称为灶境;范公堤以西地区,称为民境,计设 8 都 70 图,包括有 691 个村庄及 110 个舍。民国 16 年(1927)废除都图制,改为间邻制。民国 22 年(1933)实行保甲制。

9

程益泰买房契文

(1)卖契官纸(见图十七)

楚卿公于民国五年(1916),利用库存的大批绸缎、布疋,在益泰衣庄对门即街北,租房增设益泰布号,发挥了衣、布两业优势互补、联手发展的好形势。益泰布号的店面房是租赁本族程友三的,程友三与楚卿公为同辈,同为四世祖晴川公的元孙(即第八世)。程友三有女无子,又在海边大赉垦植公司任职员,早想将祖产卖掉。于民国七年程友三将前楼(即益泰布号经营用房)与后楼(生活用房)共十四间卖给楚卿公,并按当局规定办理了各项有关手续。

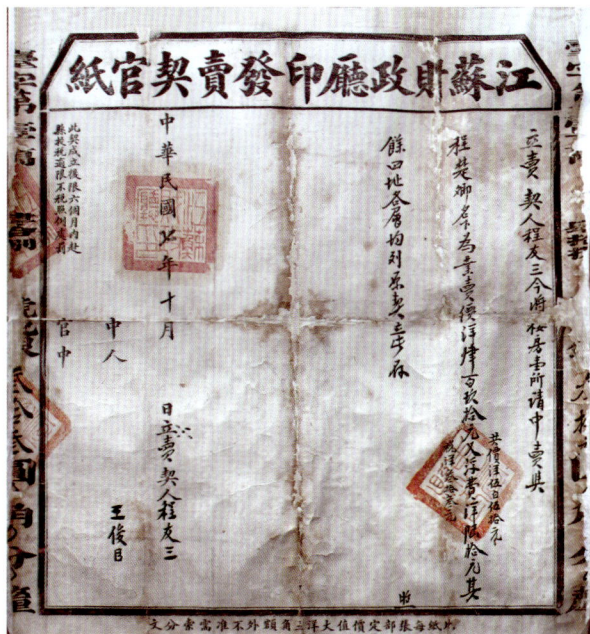

图十七

江苏省财政厅印发卖契官纸

立卖契人程友三　今将楼房一所请中卖与

程楚卿名下为业,卖价洋肆佰玖拾元,又浮费洋陆拾元,共价洋伍佰伍拾元,税洋叁拾叁元。

其余四址各层均列原契,立此存照

中华民国七年十月　　　日立卖契人程友三

　　　　中人　　　　王俊臣

　　　　官中

此契成立后限六个月内赴

县投税逾限不税照例处罚

在卖价与应税金额处盖有"东台县印"方形印章,在日期处盖有《江苏财政厅印》方形印章。

在骑缝处写有编号台字第　　四十八号税银三十三元　　角　　分　　厘。

并上下分别盖有"江苏财政厅印"和"东台县印"的方形印章。

可以看出房产买卖的纳税率为6％。

在此官纸下方边框外,印有"此纸每张部定价大洋五角,额外不准需索分文"。

(2)原契文内容

立绝卖瓦房文契人程友三,今将祖遗续置坐落富安市智乐坊板桥西,楼房壹所,上下计十四间。其朝南楼,上下四间,楼外瓦倦两间半、墙壹道,楼下朝外榻杠屏门四扇槛桔全,柜台两张抽屉全,招牌壹面,地板壹间全,楼上南北短榻、栏干披水板全,隔间拦干壹扇,楼板、楼梯、楼门全,西一间神龛后站板全。其朝西楼上下六间,楼上隔扇、披水板全,隔板壹间、房门全,楼板、楼梯门全,楼下隔板壹间、房门全,南北房上隔下墙全,中壹间长短隔、披水板全。又店后平房龙稍壹间,门壹扇、短隔两扇、披水板、地板全。又朝南二门壹间,过门两扇、槛桔全,朝西隔板内单墙壹道。又朝东大门壹间,大门两扇闩杠、踏石铺地砖全,屏门四扇,闩杠槛桔全。砖天井前、后两方。砖东圃壹个,短墙壹道。随房地基壹段,其房,东止墙外官路,并东山墙外李宅界;南止官街界;西止南段楼墙外周宅界;北段洪宅后墙滴水沿下界;北止洪宅滴水沿下并合围墙及楼山墙洪宅界。四止明白,宽窄在内在上踏石铺地石礤砖瓦石块一应照旧不动,出入路照旧通行无阻,烦中说合情愿尽行出绝卖与程楚卿名下子孙永远为业,当日凭中公议时值正价英洋肆佰玖拾元正,随房正使费英洋叁拾元正,又亲房上售折席画字交房赏价关门落圣各项在内,共使费英洋叁拾元正。当下洋契两交明白,并未悬欠分文。此系两愿,非勒逼成交,亦非利债准折等情,未卖之先并未抵典他人,既卖之后倘有亲房上售以及外人争论,俱系出笔人理直清楚,与承业人无涉。随房地基钱粮照旧完纳。自卖之后,永无返悔异说,今欲有凭,立此绝卖瓦房文契永远存　　照。

中华民国　　七　　年　　月　　日　立绝卖瓦房文契人　程友三(签字)

中　　　　人　王俊臣(签字)

同年月日在契正价并各项使费英洋凭中三面一并收讫　　　　　程书云(签字)

不必另立足再照　　　　　　　　　　　　　　　　　　　　　　徐松崖(签字)

崔直青（签字）

周国平（签字）

徐子良（签字）

方养之（签字）

刘晋侯（签字）

吴尔昌（签字）

石鑑卿（签字）

汪爱棠（签字）

名下子孙永远存执

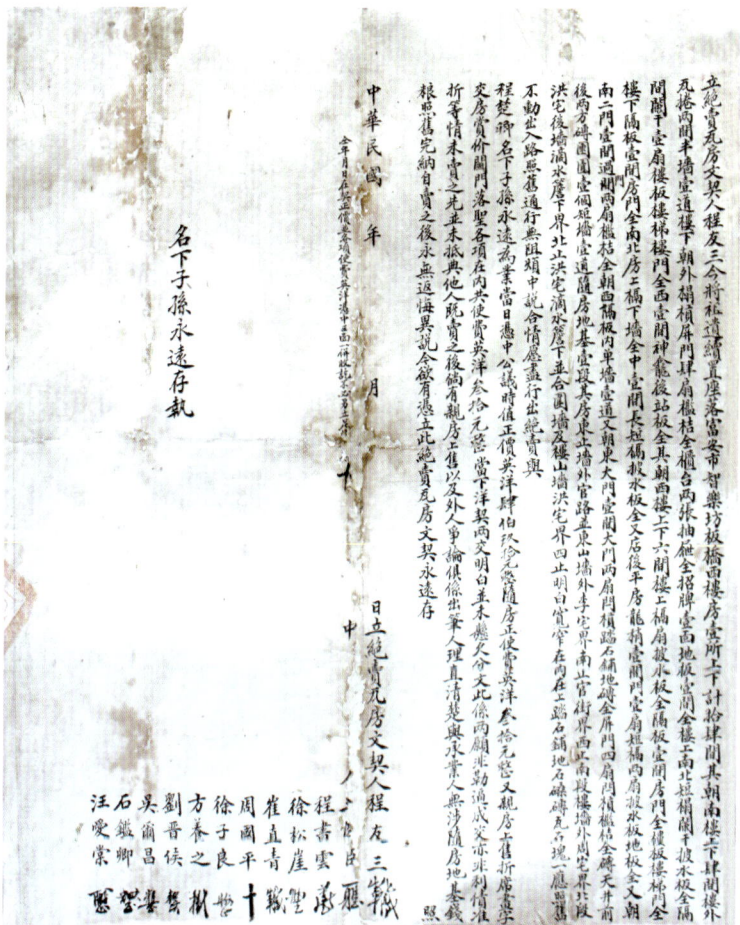

图十八

（3）国民政府财政部验契纸

在原契文纸附件上贴有《国民政府财政部验契纸》，其内容如下：

江苏财政厅印发

东台县　　　　　　市（乡）所有者程楚卿

表格上半部项目

不动产项　1. 地目　瓦房　2. 位置　智乐坊　3. 面积　十四间

取得原由　1. 金额　五百五十元　2. 年月　民国七年

税银、呈验凭证、区分种类、验明登注册籍号次等栏目未填写

表格下半部项目

四止界限　1. 东　2. 南　3. 西　4. 北　均列原契

原有者　程友三

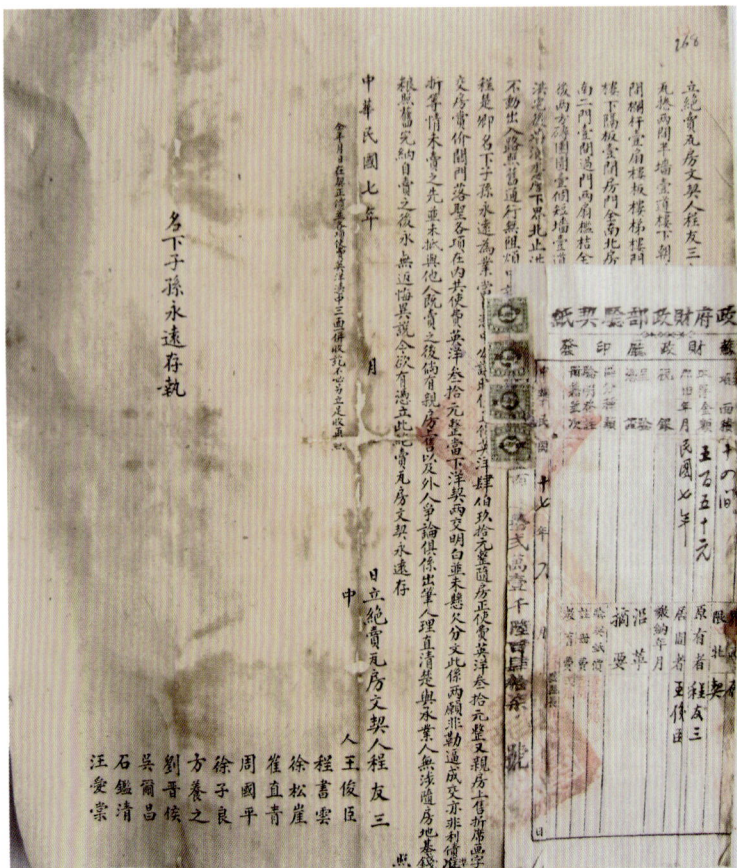

图十九

居间者　王俊臣

验契纸价　壹元伍角

注册费　壹角

教育费　贰角

缴纳年月、沿革摘要等栏目未填写

东台县县长　田良骥

中华民国　十七　年　六　月　　　日

盖有"江苏财政厅印"和"东台县印"的方形印章

贴有国民政府二分(加盖东台)印花税票4枚,盖销一枚方形印章,字形不清。

该契纸编号为十二万一千六百四十七号

注:该验契纸为民国十七年六月填发,时任东台县县长为田良骥,而房产买卖时间为民国七年,相隔十年之久,尚不知因何缘故。

10

程楚卿(道南)光绪三十一年参加的八友会折

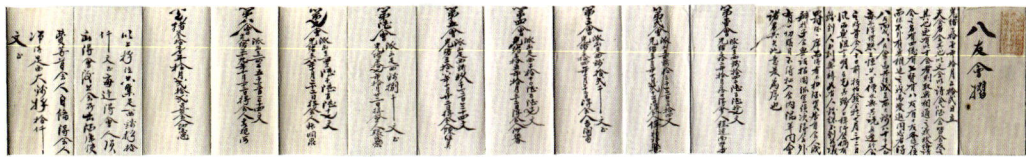

图二十

八友会折

光绪二十一年十月二十二日立

夫会者 会其也 以文会 以诗会 以酒会 皆会友之具也 更有以才会者 则取无相通之义 故络请会之名 有四总 有七贤 有八友 有十友 各随其便 而总不外有无相通之义 焉爱邀同志者 得八友 而成八友会焉 共结成足西大钱八十千文正 每年洋价照王恒兴定价 永无异说 每逢行会之时 首会人十日前报帖 发会于十月二十二日 风雨无阻 言明至先 其钱

上棹行会 倘有钱到人不到 无辞 如有人钱总不到 公议罚酒一席 而得者不扣酒资 居首会
人成办 于子会无设 招阄派定 俟次得会 外有一切账目 不得扯入会内混算 同会诸君 共
矢此意 是为序也

第壹会　派出足西钱拾四千陆百陆拾七文

光绪三十二年拾月二十二日得会人程道南(注)

第二会　派出足西钱拾三千三百三十四文

光绪三十三年十月二十二日得会人傅祯祥

第三会　派出西钱拾二千文

光绪三十四年十月二十二日得会人吉淘甫

第四会　派出足西钱拾千另陆百陆十七文

光绪三十五年拾月二十二日得会人沙仁春

第五会　派出西钱玖千三百三十四文

光绪三十六年十月二十二日得会人陈继美

第六会　派出足西钱捌千文

光绪三十七年拾月二十二日得会人张茂荣

第七会　派出足西钱陆千陆百陆十七文

光绪三十八年十月二十二日得会人张润泉

第八会　派出足西钱五千三百三十四文

光绪三十九年十月二十二日得会人娄观海

光绪三十壹年拾月二十二日首会人沙志忠

以上捌位只集足西钱捌拾仟文正　每逢得会人顶出　得会后照会所存酒席使费等
首会人自备　得会人净得足西钱捌拾仟文正

注:祖父程楚卿,字道南,除首会人第一年外,程道南为第二年开始的第一得会人。光绪皇帝在位
仅 34 年。

程益泰商号的商业单据与信函

廠總精炭池電筒

標 （YAOWN）

號三〇五一二話電市南　號十五路關北
號廿橋里三軍陸路
三九五五八話電　號二一一路華中
四七七七號掛報電
談退退退
橋政平州通　街事辦京南　商貨龍批

程益泰寶號　台照
上海
耀華電筒電池總廠發票

共計久拾六元多……

民國卅年……月……日
經手人
校對人

銀洋照市關津自理貨物出門概不退換

本廠收銀另有正式收條
無收條歉頂與本廠無涉

手提燈與大光牌手電筒
白二百五至三十五R

批　零　繁　花　火　鋅　鉛　錳　鋅　瀝　銅　鹽　建
發　薈　多色漆　綠粉　粉　粉　皮　水　幅　腦　池

1

进货的商业单据与信函（含发货单、发奉、抄奉、水单等）

(1)从上海进货的商业单据与信函

①上海万成长号发奉（见图一）

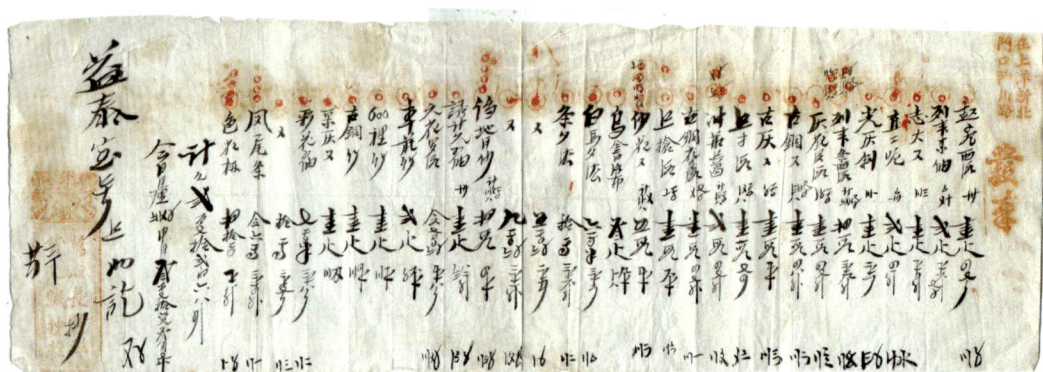

图一

在上洋新北门口僮川路

赵子龙西缎 30	一疋	4 钱 7 分	列丰京紬 40	二疋	1 钱 6 分 75
志大京紬 33	一疋	1 钱 5 分 5	直贡呢 30	二疋	4 钱 1 分 5
尖灰斜 31	一疋	2 钱 1 分	列丰条西缎 74.375 码	四段	3 钱 9 分 5
灰花罗缎 15 码	一段	4 钱 7 分 5	古铜罗缎 13.375 码	一段	4 钱 8 分 5
古灰罗缎 5 码	一段	5 钱	□提缎 14 码	一段	7 钱 4 分
中华丝葛 13 码	二段	4 钱 7 分 5	古铜花绺缎 4.75 码	一段	4 钱 7 分 5
丝枪缎 6 码	一段	6 钱	纱花缎计 21.4 码	五段	5 钱
鸟金日□布	三疋	11 两 9 钱	白马夕法 6 码半		3 钱 2 分
条夕法 10 码		3 钱 6 分 5	条夕法 5 码		2 钱 5
又　9 码		3 钱 1 分 5	绉地洋纱计 39 码	八段	4 钱
诱计元羽紬 30	一疋	8 两 8 钱 2 分 5	元花罗缎 27 码		5 钱 8 分

本庄纱	二疋 5 两 6 钱	600 里纱	一疋 3 两 1 钱
古铜纱	一疋 3 两 4 钱	采灰纱	一疋 3 两
彩花羽䌷七码半	3 钱 8 分	彩花羽䌷	十码 3 钱 7 分
凤尾条二十六码	3 钱 4 分 5	色花□八十码	1 钱 8 分 5

计元 272 两 6 钱 8 分 4 厘

今日公厘 7245 申洋 376 元 3 角 7 分 6 厘

益泰宝号照　　　两讫

万成长号洋货呢绒抄庄

三月二十五日

　　注:①此发奉共有绸缎、布疋等 30 个品种,计量单位有疋、码、段等,数码书写不一。

　　②计元 272 两 6 钱 8 分 4 厘。其"元"应为规元,或称规银,行使于上海地区,由于上海地区经济地位的提高,规元日益重要。清朝后期,规元成为中外公认的虚银两,账务结算及对外地汇划均以规元结算。

　　③376.376 元×0.7245＝272.684 两(现洋与银两之间的换算)

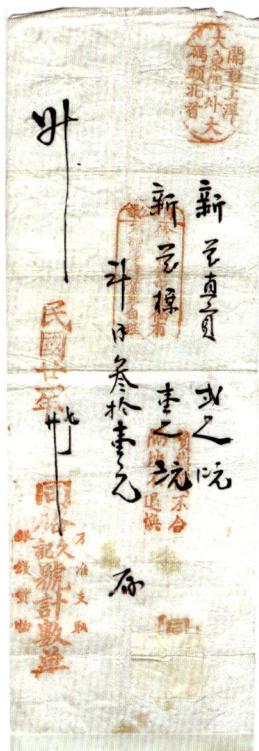

②上海同裕久记号发货计数单(见图二)

开设上洋大东门外大码头北首

新兰直贡 2 疋 12 元(单价)

新兰标 1 疋 7 元

计洋 31 元

升

　　　民国 21 年 7 月 20 日

　　　　同裕久号计数单

　　中部盖有印章,内容为:"同业公议,发出各货中□倘有不□等情贵客自理"

　　下部盖有印章,内容为:"货与价不合,隔班不退换。"

图二

③上海大丰昌号东西杂货抄庄发奉(见图三)

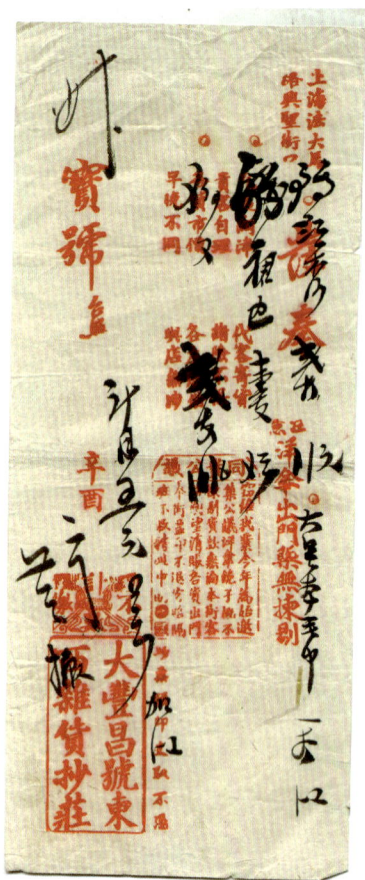

图三

此发票全为红色印章

右上角为该商号地址"上海法大马路兴圣街口"

上部印章内容为"凡迁关津,贵客自理,各货市价,早晚不同"

中部印章内容为"代客寄货,诸险不保,各友口借,与店无涉"

下部印章内容为"同业公议:窃为我业今年为始邀集公议,洋伞镜子概不拣剔,货款无论本街客家朔望清账,各货出门本街盖印不退,客昭隔班不收,特此申明"

右侧又印章标明"注意洋伞出门概无拣剔"

左侧印有"辛酉",为1921年

左上方印有"宝号台照"

书写内容:江秀2打2元(单价),裙边1支四角三分,裙边又2支三角(单价),计洋五元另三分(即$2×2+0.43+2×0.3=5.03$元)。

右下又写:大号本毛巾1打1.16元,这笔是后加上的,所以在计洋5.03元的下部又写"加1.16元"。

宝号台照的上部书写"升"字,为礼节客气用词。

日期为3月23日,日期下部的"振"字,为经办人签字。

左下部为"大丰昌号东西杂货抄庄"印章,其右侧还表明"此票预印,支取不凭"。

④上海裕生泰皮货行发票(见图四)

(长25.7厘米　宽19.3厘米)

地址:法大马路德培里内

发上

24月白滩皮褂　　10件　　14两3钱

交滩套　　　　　2件　　　35元

九月初六日收洋100元正

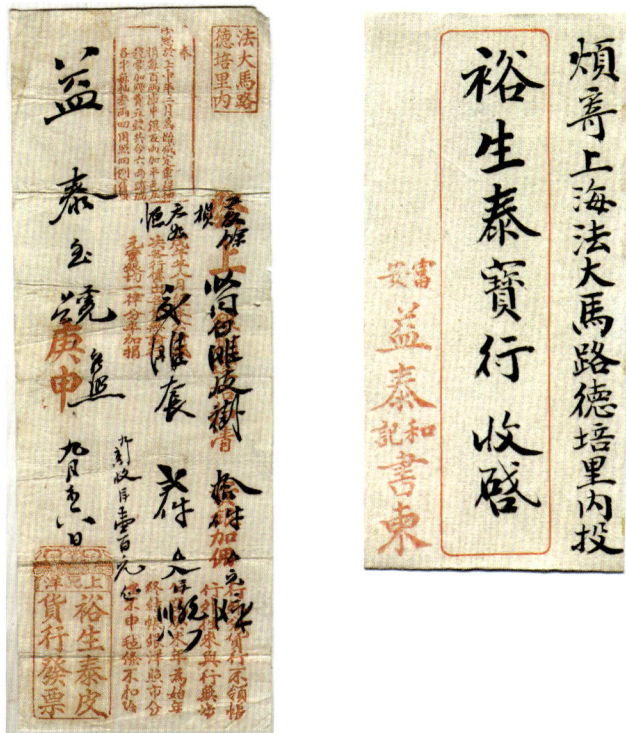

图四

益泰宝号台照

庚申年(1920)九月初六日

上洋裕生泰皮货行发票

该票盖有印章较多：

上部印章内章为："奉　宪　于壬申年三月为始，减定章程抽捐，每百两库平银五两，加平色五钱，零加经费五钱，共合六两，铺号各半，每抽三两叨用，照旧例旧规"。

中部印章内容为："戊午年(注为1918年)八月经本所议决各行售出各货无论行元实银一律分半加捐"。

下部印章内容为："行外分货行不领账，行外往来与行无涉，公议癸未年为始，年终结账银洋照市，分厘不申，毡条不扣除"。

右侧印章内容为："银期逢十扣清，贵银加佣"。

附：富安益泰和记拟发往上海法大马路德培里内投裕生泰宝行收启的信封。

⑤上海耀华厂如皋发行所对账单（见图五）

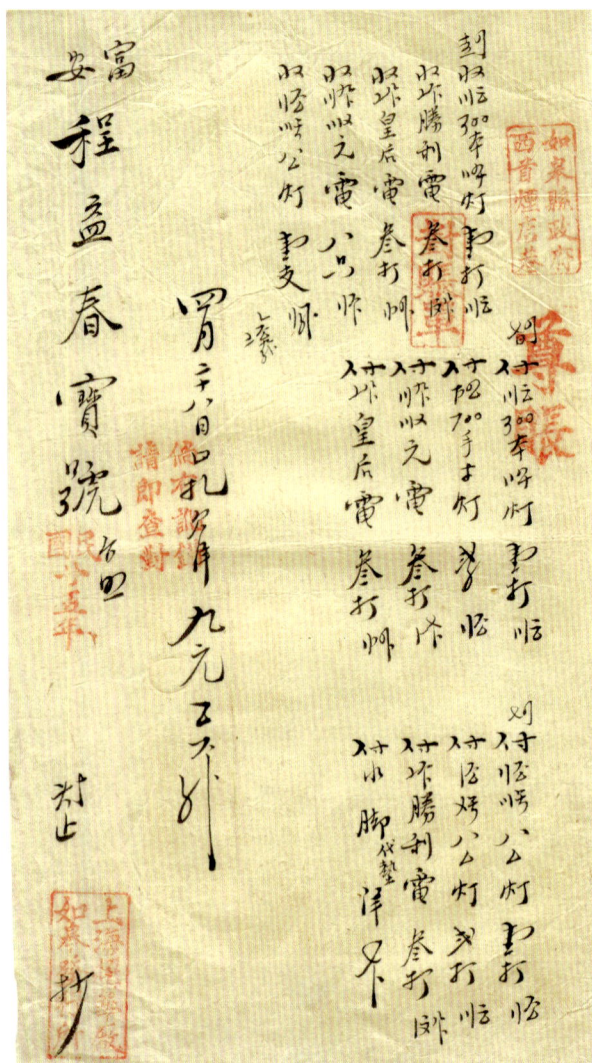

图五

（尊账）对账单

（长 24.8 厘米　宽 14 厘米）

地址：如皋县政府西首烟店巷

四月七日

付 3 元 2 角	300 本牌灯	1 打	3 元 2 角
付 10 元 4 角	700 手提灯	25（1/4 打）	2 元 6 角

付3角9分	34元电	3打	1元1角7分
付6角8分	皇后电	3打	2元零4分
付2元6角	3号八角灯	1打	2元6角
付1元6角	4号八角灯	2打	3元2角
付6角6分	胜利电(池)	3打	1元9角8分
付水脚(搬运费)代垫			7分

以上8笔合计大洋16元8角6分

四月十五日收(应为退货)

收3元2角	300本牌灯	1打	3元2角
收6角6分	胜利电(池)	3打	1元9角8分
收6角8分	皇后电	3打	2元零4分
收3角9分	34元电	8只	2角6分
收2元6角	3号八角灯	1支	2角1分5厘

以上5笔合计大洋7元6角9分5厘(应为退货款)

四月二十八日止扎欠洋9元1角6分5厘(即:16元8角6分－7元6角9分5厘＝9元1角6分5厘)

在对账单中还标明:"倘有讹错,请即查对"。

富安程益泰宝号

民国廿五年十月廿八日止

⑥上海耀华电筒电池总厂发奉(见图六)

发奉　第182号

兹寄奉皇后电3打祈试销为荷

300耀华牌灯	1打	单价3.2元	计3.2元
3号八角灯	1打	2.6元	计2.6元
700手枪灯	1/4打	10.4元	计2.6元
4号八角灯	2打	1.6元	计3.2元
34号元电	3打	0.39元	计1.17元
胜利牌电	3打	0.66元	计1.98元
203皇后牌电	3打	0.68元	计2.04元

代付如（皋）至海（安）水脚　　　　　　计7分

共计16元7角9分　又7分

程益泰宝号台照

上海耀华电筒电池总厂发票

民国25年4月7日

计1件交舟寄奉，至祈查收，示复。

此发票仍为如皋发行所经营。

右下部写有4月9日吴四舟带来，付退300耀华牌灯1打3.2元；3号八角灯1支，2.6元/打；34号电8支，0.39元/打；胜利电3打，0.66元/打；皇后电3打，0.68元/打。

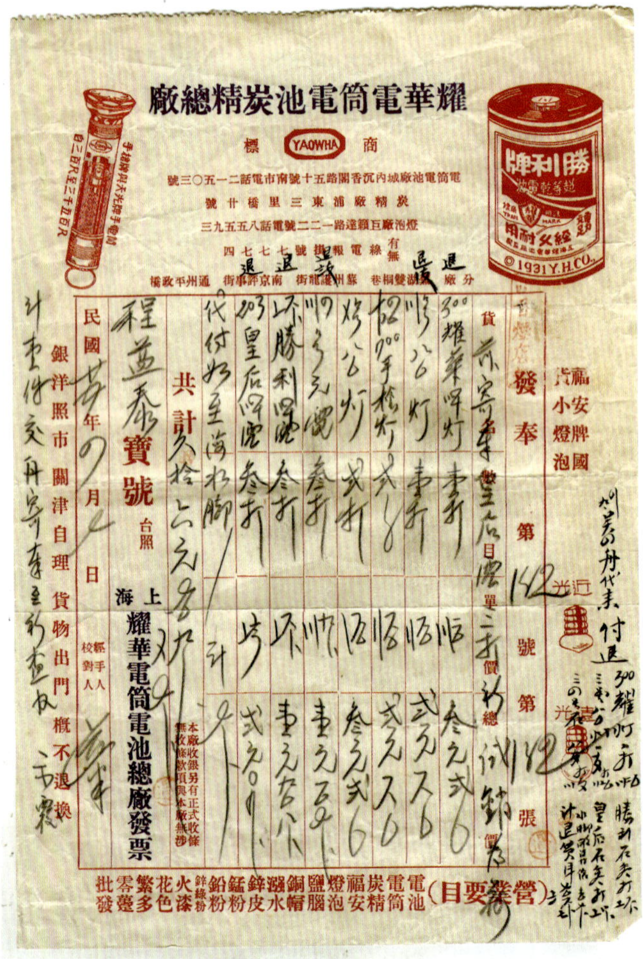

图六

水脚敲算给 7 分,计退货洋 7 元 7 角 6 分 7 厘。

发票内印有:"本厂收银另有正式收条,无收条款项与本厂无涉"

右侧印有广告:"福安牌国货小灯泡,近光、远光各一图像"

左侧印有:"银洋照市,关津自理,货物出门,概不退换"

下部印有:"营业要目:电池、电筒、炭精、福安灯泡、盐脑铜帽、镪水锌皮、锰粉、铅粉、锌录粉、火漆,花色繁多,零趸批发"

上部印有:总厂厂名及商标

各厂地址:

电筒电池厂城内沉香阁路 50 号南市电话 21503 号

炭精厂浦东三里桥 20 号

灯泡厂巨籁达路 122 号电话 85593 号

有、无线电报挂号 7774

分厂:芜湖双桐巷、苏州护龙街、南京评事街、通州平政桥。

两侧分别印有胜利牌电池、手枪牌与天光牌手电筒图像。

(2)从苏州(含盛泽)进货的商业单据与信函

民国 9 年(1920),富安益泰和记从江南丝绸之乡盛泽购进绸缎 10 疋,我收存了这笔进货的各种商业单据,即报税清单、分运单、发货单以及邮寄这些单据的信封。现分别介绍如下:

①盛泽税务总公所开具的进货报税清单(见图七)

12.5 厘米×19 厘米,横式铅印。清单中所列栏目名称有"原寄处所、寄往处所、寄交处、号数、封装情况、内装何物、价值、重量(连皮、净)、备考、关税、寄件人姓名住址"等,均用"中、英、法"三种文字同时印刷。清单中:"原寄处所"处盖有"盛泽民国 9 年 11 月 26 日"邮戳;寄交"益泰和记";住"江北东台富安场";"封装情况"为"布包装";"内装何物"为"绸";"号数、重量、价值"三栏,也均填写了相应的数字;"寄件人姓名住址"为"协记",并盖有"盛泽北斗街"的红色印章,还盖有"盛泽税务总公所验讫"的椭圆大章(长约 7.5 厘米);"重量、连皮"栏填写"2150",但没有注明重量单位。

从内容上看,这张报税清单是邮税合一的包裹单,说明当年已经可以从邮政部门办理货物邮寄手续。该报税清单用三种文字印刷,应该表明当年盛泽镇丝绸贸易涉及较多外商,外贸出口量大,三种文字印刷的报税清单也可能是盛泽特殊印刷的。

图七

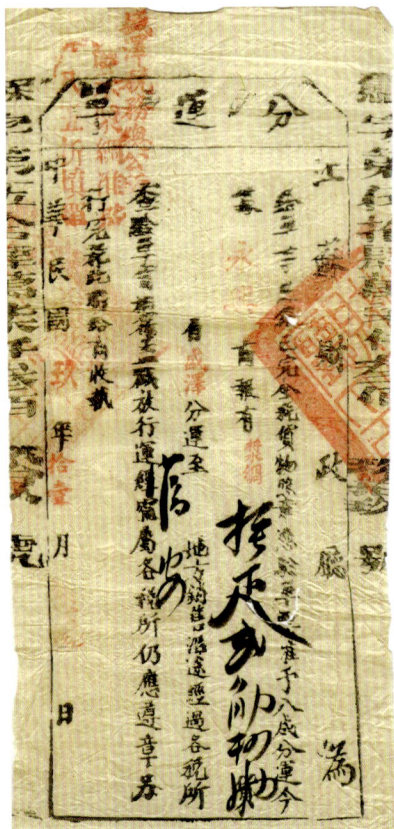

图八

②盛泽税务总公所开具的分运单（见图八）

江苏省财政厅分运单

27厘米×13厘米，竖式木刻印刷。主要内容为：证明已完全税，货物凭验单票准予分运，报有浆绸10疋，自盛泽运至富安销售，沿途经过各所查验盖戳后放行，运经宁属各税务所应遵章另行完税，此联给商收执。民国9年11月24日，骑缝处号码为547399号，并盖有"江苏财政厅"方形印章和"盛泽税务总公所"的红色便章。

从分运单内容看，实为纳税证明，货物按照规定线路运输时各税务所放行，若改为其他线路则要另行完税。此单所编号码特大，可能是全省统一印制编号，分区使用。此单为盛泽税务总公所填写，此联交商家收执。

③盛泽协记绸庄发货单（见图九）

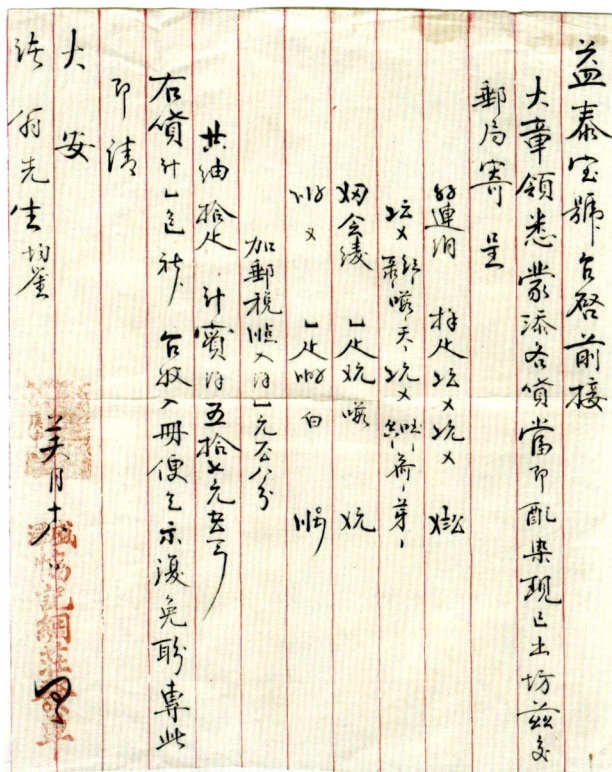

图九

24.5 厘米×22 厘米，竖式红线条信纸，毛笔竖写。内容抄录如下：

益泰宝号台启，前接大章领悉，蒙添各货当即配染，现已出坊，兹交邮局寄呈。

连绢 8 疋，其中：6.2 元 4 疋，6 元 4 疋，48.8 元。6.2 元 4 疋，红 1、绿 1、兰 1、天 1；6 元 4 疋，国 1、香 1、荷 1、芽 1。

4 两会绫 1 疋，4 元，兰。

35 会绫 1 疋，3.05 元，白。

加邮税 3 点，入洋 1.68 元。（即：48.8 元＋4 元＋3.05 元＝55.85 元，55.85 元×0.03＝1.68 元）

共绸 10 疋，计实洋 57.53 元。

右货计乙包，祈台收入册，便乞示复免盼。

专此即请，大安！

诸翁先生均鉴。

庚申年芙月十八日　盛泽协记绸庄。

此发货单(发票),表明 10 疋绸绢的规格和价格,并统一按百分之三计邮税费率。庚申年即民国 9 年(1920)。按照商业数码书写,书法熟练流畅,金额数据准确。

④邮寄盛泽商业单据的信封(见图十)

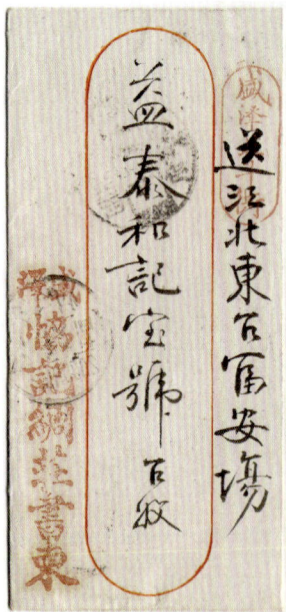

图十

6.6 厘米×14 厘米,竖式红框。信封上书写"送江北东台富安场益泰和记宝号台收",与报税清单上填写的收件人及地址一致。寄信人为"盛泽协记绸庄"(红色印戳);正面邮戳两枚,日期均不清楚,但可看出一戳为"苏州"、另一戳为"苏州府"。信封背面贴 3 分帆船邮票,销戳不清,但可看出"9 年"字样。另外还盖有两戳:一枚为东台县中转戳,日期为 9 年 11 月 30 日;另一枚为富安到站邮戳,日期为 9 年十一月初二日(农历)。

三件单据,即"报税清单、分运单、协记绸庄发货单(发票)",均放在此信封内从苏州寄往富安。从日期上看,应是民国 9 年 11 月 24 日在盛泽财政所交纳货物税后办理的分运单,11 月 26 日填写报税清单后即办理包裹邮寄手续,11 月 27 日(农历十月十八日)寄出信件,11 月 30 日信件从东台县中转,12 月初到达富安。

⑤苏州怡生仁布号抄奉及邮寄信封(见图十一)

怡生仁抄奉(1)

抄奉金阊都亭桥东怡生布号

昌扣青印 10 疋价 0.84 元

洗白印 10 疋价 0.88 元

计洋 17 元 2 角

至祈台收入册乃荷此请

益泰和宝号台照

诸翁先生

　壬戌年(1922)九月十三日

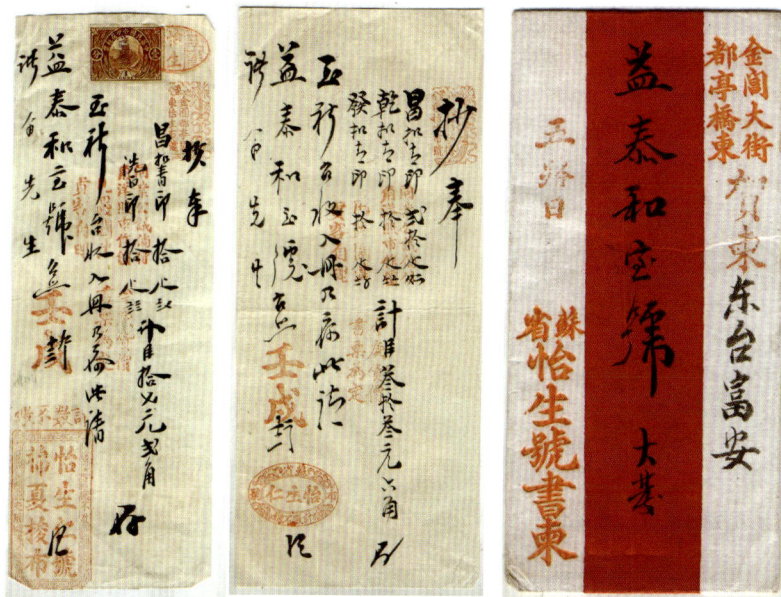

（1）　　　　　　（2）　　　　　　（3）

图十一

怡生仁号棉夏梭布

该票盖有："同业公议，倘付角洋，照市作价"、"凡迁关津，贵客自理"、"今庚货价，书票为定"。

怡生仁抄奉（2）

金阊都亭桥东怡生布号

昌扣青印 20 疋单价 0.92 元

干扣青印 10 疋单价 0.77 元

发扣青印 10 疋单价 0.75 元

计洋 33 元 6 角

至祈台收入册乃荷此请

益泰和宝号台照

诸翁先生

壬戌年（1922）二月十二日

苏省怡生仁布号（印章）

该票盖有："同业公议，倘有角洋，照市作价"、" 凡迁关津，贵客自理"、"今庚货价，书票为定"。

苏省恰生号信封（3）

金闾大街都亭桥东，五路财神日，发往东台富安益泰和宝号大发的红封条信封（贺束）

⑥苏州恒大昌发货单、送货单（见图十二）

恒大昌发货单（1）

加深发扣青印 10 疋 0.8 元

加深发扣青单印 10 疋 0.76 元

恒 24 套顶顶光鱼 5 疋 0.95 元

昌顶扣光浅鱼 6 疋 0.83 元

恒 24 套顶顶毛翠 5 疋 0.99 元

昌 24 套白印 5 疋 1.12 元

加深昌 24 套青边被 5 疋 1.12 元

昌 24 套白印边被 5 疋 1.14 元

亨 28 蓝印巾 3 疋 1 元

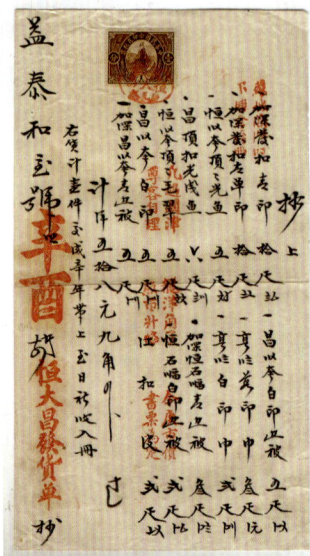  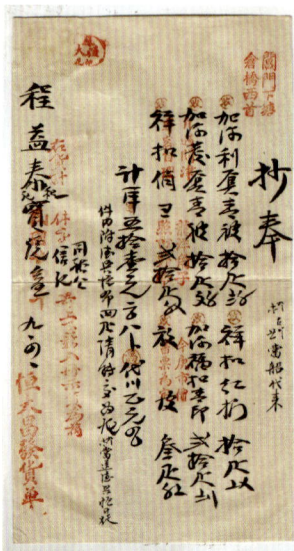

（1）　　　　　（2）　　　　　（3）

图十二

亨 28 白印巾 2 疋 1.02 元

加深恒石幅青边被 3 疋 1.08 元

恒石幅白印边被 2 疋 1.1 元

江扣皮 2 疋 0.64 元（包装、打包用布，加工染色后销售）

计洋 58 元 9 角 4 分

（即：0.8 元×10＋0.76 元×10＋0.95 元×5＋0.83 元×6＋0.99 元×5＋1.12 元×5＋1.12 元×5＋1.12 元×5＋1.14 元×5＋1 元×3＋1.02 元×2＋1.08 元×3＋1.1 元×2＋0.64 元×2＝58 元 9 角 4 分）

右货 1 件，交成辛年带上，至日祈收入册。

益泰和宝号照

辛酉年（1921）五月十四日

恒大昌发货单（印章）

该票印有："凡迁关津，尊客自理"、" 龙洋角子，照市升降"、"今庚市价，书票为定"。

该票贴有面值为一分的"中华民国印花税票"一枚。

恒大昌送货单（2）

今交张宝开船友先行装奉色布六十六疋，计 1 件，至祈检收，发票约明后由局再奉。

专此□达

即请财安

益泰和宝号台照

壬戌年（1922）八月二十日　　　姑苏恒大昌寄

恒大昌发货单抄奉（3）

阊门下塘仓桥西首

抄奉

加深利套青被 10 疋 8 角 5 分

加深发套青被 10 疋 9 角 5 分

祥扣俏彐 20 疋 5 角 4 分

祥扣红扪 10 疋 6 角 4 分

加深福扣青印 20 疋 7 角 2 分

放皮 3 疋 5 角 6 分（包装、打包用布，加工染色后销售）

计洋 51 元 2 角 8 分　代川（运费力资）1 元 4 角

（即：0.85 元×10＋0.95 元×10＋0.54 元×20＋0.64 元×10＋0.72 元×20＋0.56 元×3＝51 元 2 角 8 分）

件内附德兴恒布 4 疋，请转交为托

右货计一件交同裕公、信记寄上，至祈入册，示复为荷

程益泰和记宝号台照

民国 24 年 9 月 4 日

恒大昌发货单

此发票上印有："凡迁关津，尊客自理"、"龙洋角子，照市升降"、"今庚市价，书票为定"。

票中注明：9 月 18 日（古历八月二十一日）当船带来。

又记："9 月 18 日，当送德兴恒计 4 疋"。

⑦苏州同仁昌号发票（见图十三）

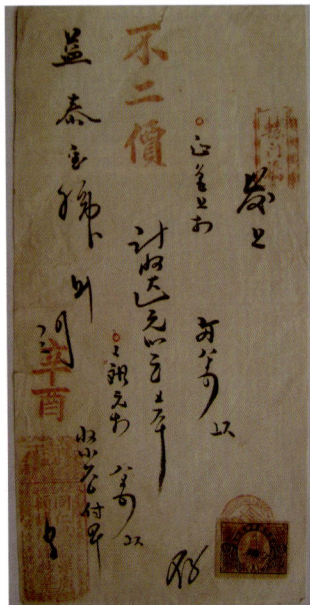

图十三

发上

辕门桥

正色丝□1 两 8 钱 5　单价 0.66 元

计收大洋 1 元　小 2 角　钱 60

又□元□8 钱 5　单价 0.66 元

收小 6 角付 40

益泰宝号升

辛酉年（1921 年）四月初二

同仁昌号洋广顾绣丝线抄庄（印章）

该票上方印有："不二价"，右下方贴销一分面值的"中华民国印花税票"一枚。

（3）从常州进货的商业单据与信函

常州谦泰永发票（见图十四）和邮寄信封（见图十五）。

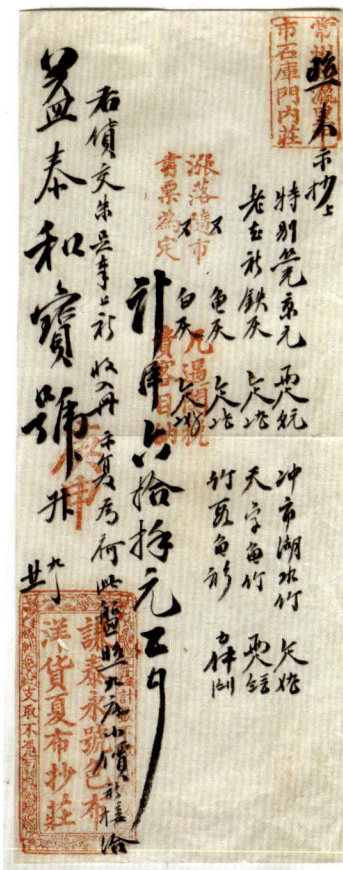

图十四

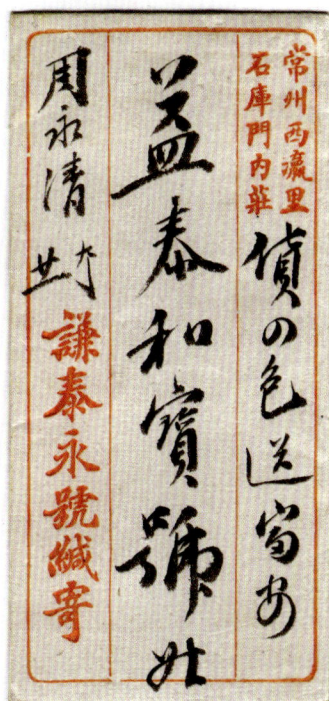

图十五

谦泰永发票（1）

照来示抄上

常州西瀛里中市石库门内庄

特别丝光京元　2疋　9元

老花祈铁灰　　1疋　6元9角

　又　龟灰　　1疋　6元7角

　又　白灰　　1疋　6元4角5分

冲市湖水竹　　1疋　4元9角

天字龟竹　　　　2疋　8元3角

竹段龟衫　　　　5件　1元7角2分

计洋68元1角5分

（即：9元×2＋6.9元＋6.7元＋6.45元＋4.9元＋8.3元×2＋1.72元×5＝68元1角5分）

右货交朱足奉上，祈收入册，示复为荷，此盘照九口小价，祈接洽

益泰和宝号升

庚申年（1920）九月二十一日

谦泰永号色布洋货夏布抄庄（印章）

该票盖有印章内容为："涨落随市，书票为定"、"凡迁关税，贵客自纳"。

信封日期亦为九月二十一日，此信、票由送货人员带交。

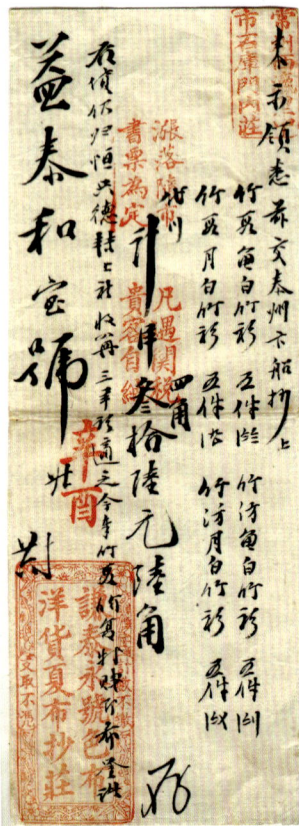

图十六

谦泰永发票（2）（见图十六）

常州西瀛里中市石库门内庄

来示领悉，兹交泰州卞船，抄上

竹段龟白竹衫　　5件　1元8角8分

竹段月白竹衫　　5件　1元9角

竹仿龟白竹衫　　5件　1元7角2分

竹仿月白竹衫　　5件　1元7角4分　　　代川4角

计洋36元6角

（即：1.88元×5＋1.9元×5＋1.72元×5＋1.74元×5＋0.4元＝36元6角）

右货仍归德兴恒转上，祈收入册。三羊衫适乏，今奉竹段价复，特贱，即布鉴□

益泰和宝号升

辛酉年（1921）十月二十六日

谦泰永号色布洋货夏布抄庄（印章）

该票中印有："涨落随市，书票为定"、"凡迁关税，贵客

自理"。

"德兴恒布号"为我外祖父张承辅所开设。在以后的十多年间,常州谦泰永发往富安"程益泰"和"德兴恒"的货物中,经常互相转带。

(4)从镇江进货的商业单据与信函

①京口恒泰升记提庄发票(见图十七)

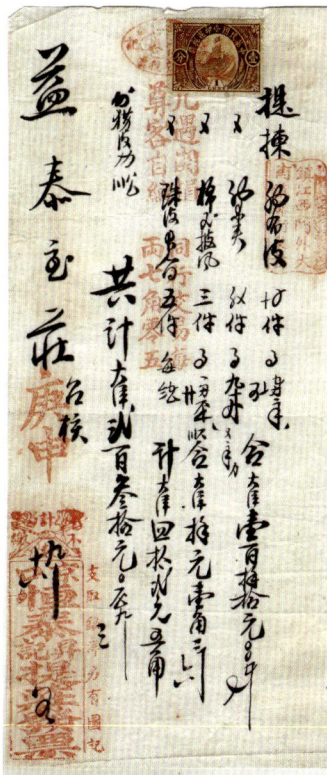

图十七

恒泰升记提庄发票

(长 25 厘米　宽 11 厘米)

商家地址:镇江西门外大街镇屏街东首

提拣　　纳布皮　　15 件　　165 两 2 钱

提拣　　纳吊夹　　54 件　　90 两　又年力　上两项合大洋 180 元零 5 分 7 厘

提拣　　棉花披风　3 件　　22 两 6 钱　36　22.6 两×0.36＝8 元 1 角 3 分 6 厘,合大洋 8 元 1 角 3 分 6 厘

提拣　　珠皮长筒　5 件　　每件 8 元 5 角　计大洋 42 元 5 角

共计大洋 230 元 1 角 9 分 3 厘（即：180 元零 5 分 7 厘＋8 元 1 角 3 分 6 厘＋42 元 5 角＝230 元 1 角 9 分 3 厘）

外□皮□3 元 8 角

益泰宝庄台核

庚申（1920 年）9 月 18 日

发票上方贴有面值一分的"中华民国印花税票"一枚。

发票内盖章标明："凡迁关捐，尊客自纳"，还标明："同行交易每两七角零五"。

左下方盖有"京口恒泰升记提庄发票"印章，一旁标明："支取银洋，另有图记"。

②镇江潘合兴抄庄发票（见图十八）

京口西门南河沿第一家

兹由王学金抄上

其真市菜灰、采□对折 2 段（价分别为 32 与 29）

计□6 两 1 钱（即 3.2＋2.9＝6.1 两）

代川洋 2 角 4 分

右货祈入小册示复此请

益泰宝号

诸翁先生均照

庚申（1920 年）10 月 23 日

镇江潘合兴和记自运潮州广蓝竹抄庄

此票上印有："凡遇关捐，尊客自纳"、"早晚时价，书票为凭，货价不合，原班退据，龙洋角子，随时升降，代发货物，概不保险"、"自运汉布各色斜纹抄发"。

还印有该商号的电话为 158 号。

在上方还盖有一枚椭圆形印章，上下两排字，上为：国耻纪念；下为：抵制莫忘。

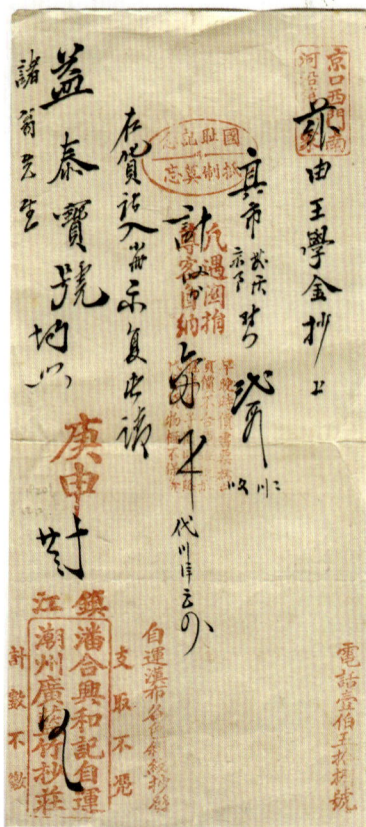

图十八

③镇江仁源绸缎抄庄抄奉（见图十九）

抄奉

开设银山门瑞丰和号内

蓝□牌元加重南丝 1 疋 21 元

蓝元加重　　又　1 疋 16 元 5 角

代邮力 6 角

计洋 38 元 1 角（即：21 元＋16.5 元＋0.6 元＝38.1 元）

右货发该号由邮直寄

益泰和宝号台照

壬戌年（1922）三月二十六日

镇江仁源绸缎抄庄（印章）

票中印有："凡迁关捐，贵客自纳"。

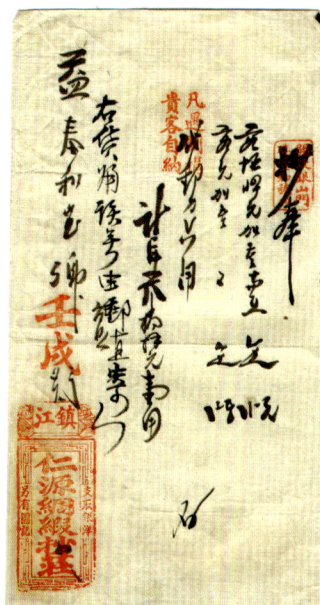

图十九

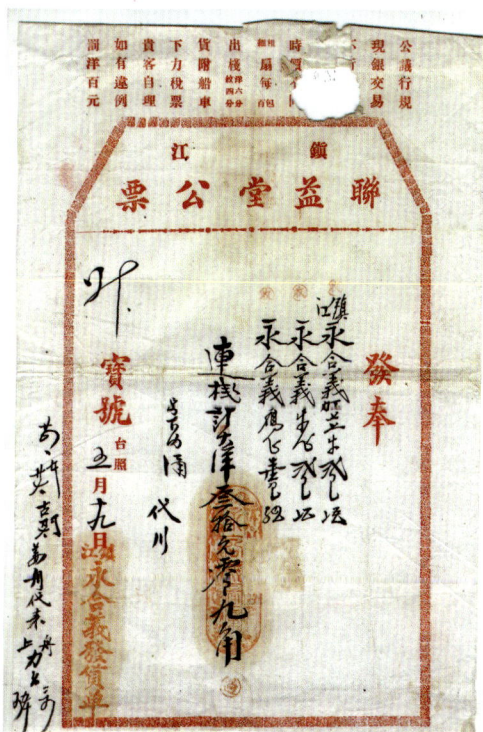

图二十

④镇江联益堂公票发奉（见图二十）

发奉

永合义加工上上牛 2 包 6 元 5 角

永合义牛心 2 包 6 元 1 角

永合义鸡心 1 包 5 元 4 角

连栈计大洋 30 元 9 角

另下力 1 角

升宝号台照

五月十九日

镇江永合义发货单（印章）

民国廿四年五月廿七日，古四月初七，姜舟带来，舟力钱 300（文）、上力钱 150（文）。

在大洋金额处，盖有"永合义图章"。

在该票上部印有："公议行规，现银交易，

粗、细扇每包百出栈洋六分,纹四分,货附船车,下力税票,贵客自理,如有违例,罚款百元"。

⑤京口镇懋祥源记装奉(见图二十一)

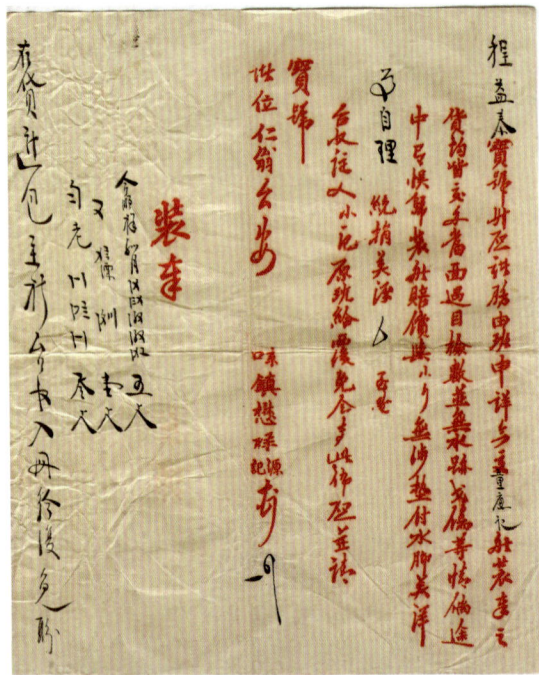

图二十一

程益泰宝号升启,诸□由班申详,今交童庆记船装奉之货,均皆交舟当面过目检数,并无水迹、戈伤等情,倘途中有误,归装船赔赏,与小号无涉。垫付水脚英洋尊自理,统捐英洋一角。至致

台收注入小记,原班给复,免念,专此布启。并请

宝号

诸位仁翁台安

京口镇懋祥源记顿首　四月一日

装奉

合顺祥 53 月 14、134、154、154、146,五定

　　又　48 漂　　　　　　　　193　　　　一定

匀老　　　　　　111、108、111　　　三定

右货计 1 包至祈台收入册,给复免盼。

发票容由邮奉

⑥镇江镇懋祥源记抄奉（见图二十二）

抄奉

合顺祥 53 月 168　　1 斤 8 两　2 疋　32 折

计收 11 两 1 钱 1 分 4 厘

益泰和宝号升

丁卯年（1927）五月二十六日

镇懋祥源记棉夏布庄（印章）

该票贴有"中华民国江苏一分印花税票"一枚。

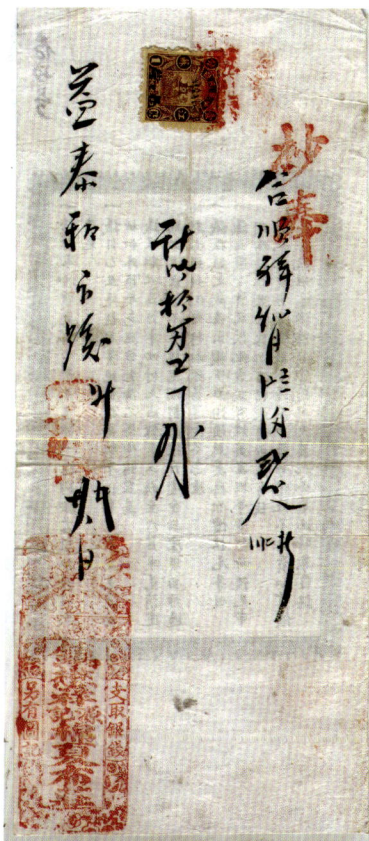

图二十二

图二十三

该票背面印有六条文字规定和说明(见图二十三):

一议行家性质素以公平为主体,一律均按客盘抄发以昭平允。

一议自乙丑年起,同业规定折实镇平,27宝按票足兑,毫无折扣,外埠平色照市升降,不得徇情直算。

一议银期以五月半明付七成,余有三成至六月半兑清,逾期少汇者,恕不承认,超期划款按月一分三厘半回拆,过期亦照此例起拆,以银易洋,恕不包厘。

一议在账之款,□出栈下力均须照算,无除价抹尾等因。

一议面选之货及代配者,设有熏黄霉斑等事务,祈预先申明,俾得转致西客认可,结账时方能有效。

一议配货交舟设迁风俭、浸湿、少数等情,概不负责。如货价不合,原班退换,惟退货捐川大篓7元、小篓5元,归尊自认。

⑦镇江其他商号的商业单据与信函(见图二十四)

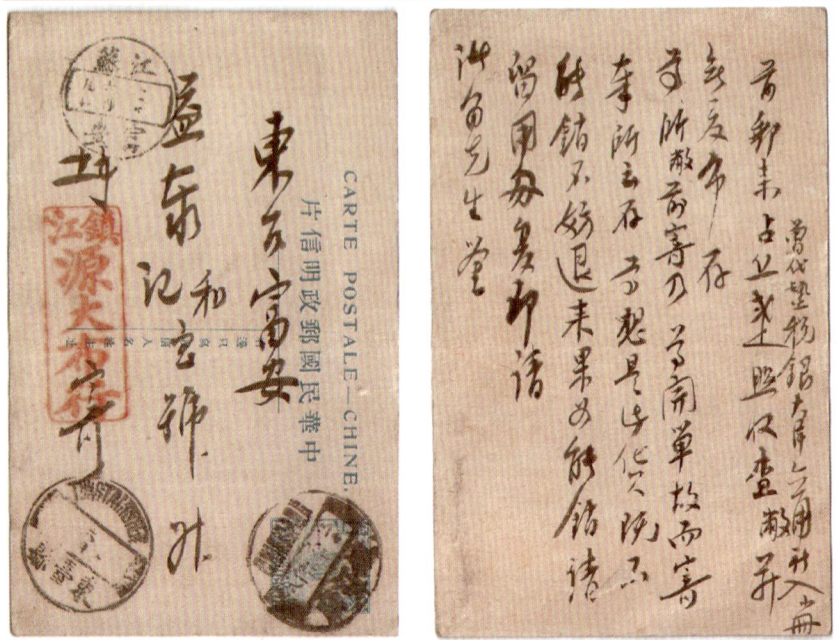

源大布行明信片(正面)
民国十一年(1922)六月七日

源大布行明信片(背面)

源大布庄（东坞街）
信封三月二十九

同慎恒 明信片 民国三年（1914）十月二十三日

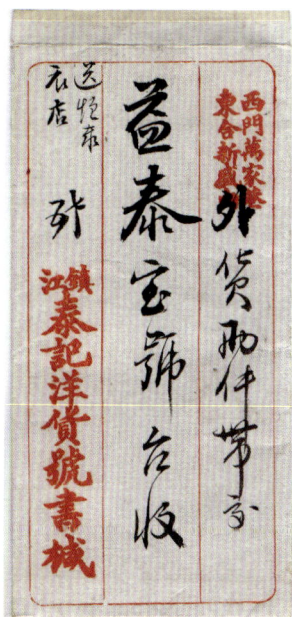

泰记洋货号信函

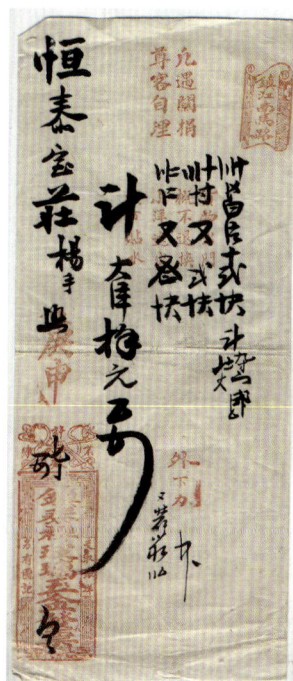

庚申年（1920）七月初五
镇泰祥玻璃五金号发票
程益泰所用的玻璃货橱
都在镇江镇泰祥订制

图二十四

（5）从扬州进货的商业单据与信函

①扬州维扬鸿昌号发货单（见图二十五）

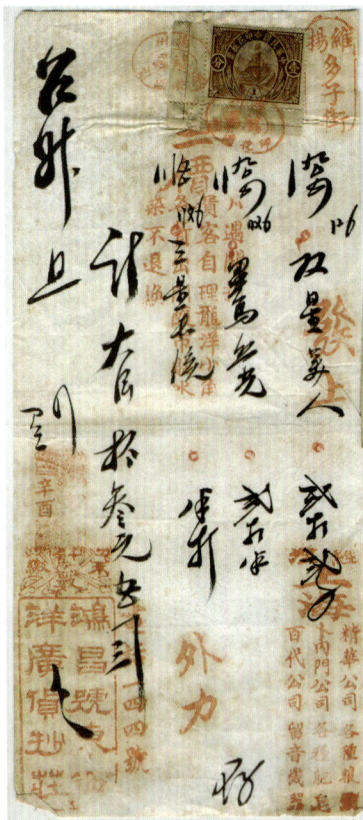

图二十五

维扬鸿昌号发货单

维扬多子街

发上

1.95 元双星美人 2.25 打

2.95 元罗马丝光 2.5 打

3.5 元三星长统 0.5 打

计大洋 13 元 5 角 1 分 3 厘

（即 $1.95 \times 2.25 + 2.95 \times 2.5 + 3.5 \times 0.5 = 13$ 元 5 角 1 分 3 厘）

台升　辛酉年（1921）四月初三

鸿昌号东西洋广货抄庄（电话 144 号）

贴有中华民国一分印花税票，盖销"扬州鸿昌印花图章"。

该票印有"真不二价"、"凡迁关捐，贵客自理，各货出门，概不退换"、"龙洋小角，随市贴水"。还印有该商号广告："经理上海精华公司，各种眼镜；卜内门公司，各种肥皂；百代公司，留音机器。"

②扬州维扬周松记发奉（见图二十六）

发奉

放号绒球　　20个3分

大号绒球　　40个2分

2号绒球　　40个1分7厘

3号绒球　　30个1分3厘

对球　一全6角（伏数100对，计200个）

（印花税1分，税票脱落）

计大洋3元零8分（当去尾8分）计3元

（即：0.03元×20＋0.02元×40＋0.017元×40＋

0.013元×30＋0.6元＋0.01元＝3.08元）

去尾8分

益泰和宝号台升

民国二十四年八月二十五日

维扬湾子街周松记（印章）

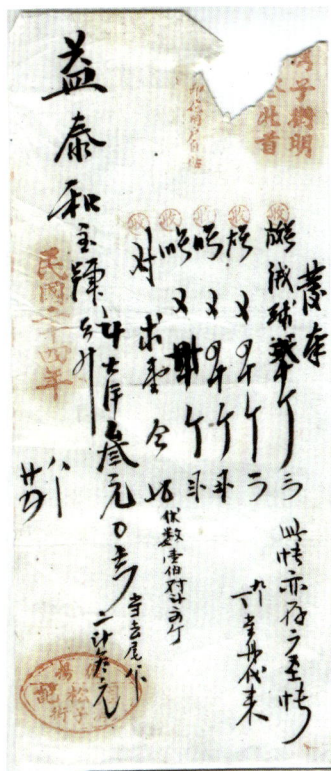

图二十六

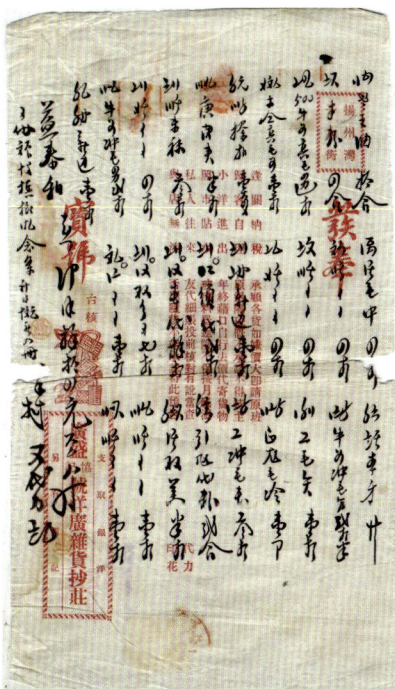

图二十七

③扬州广盛协记发奉（见图二十七）

发奉

扬州湾子大街

该发奉进货28个品种

计洋84元6角8分5厘

益泰宝号台核

广盛协记号洋广杂号抄壮　　　　年十月十九日

此票尾注明："又付0.96元10支槟榔烟20条，

计洋19元2角"，祈入册。"又代力8角"。

　　此票中印有："逢关纳税，归客自理，小洋进出，

照市贴水，私人往来，与店无涉"。

还印有："承顾各货,如嫌价大,即请原班原退,隔班概不承认,不得待至年终借口自行去价。代寄货物玻璃料器,途险不保。按月底派友代细帐投前核对,有讹当查,否则随后不能承认,特此预告"。

④扬州其他商号的商业单据与信函(见图二十八)

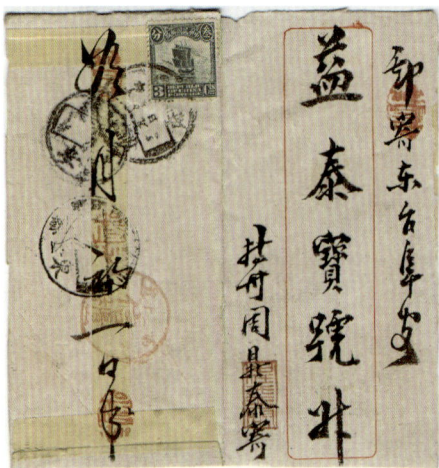

扬州周鼎泰　邮寄信件　民国十年(1921)
□月九日

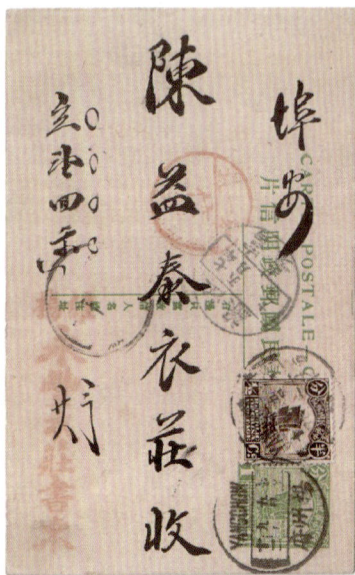

维扬永丰衣庄　邮寄明信片　民国七年(1918)五月九日

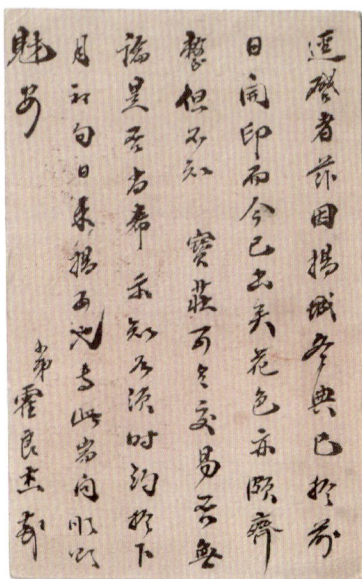

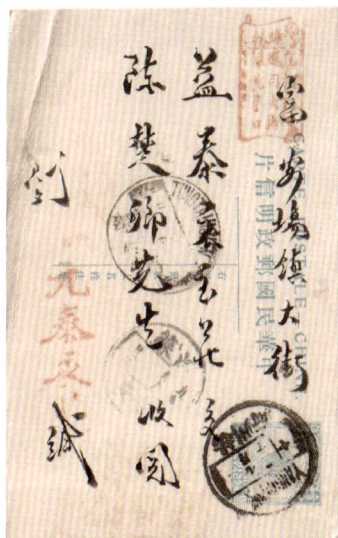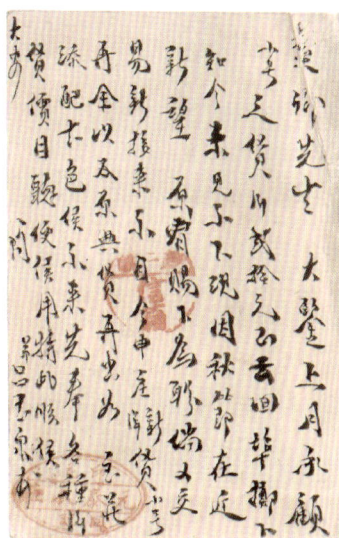

维扬元泰衣庄　　邮寄明信片　　　　民国九年（1920）八月初八

图二十八

（6）从泰州进货的商业单据与信函（见图二十九）

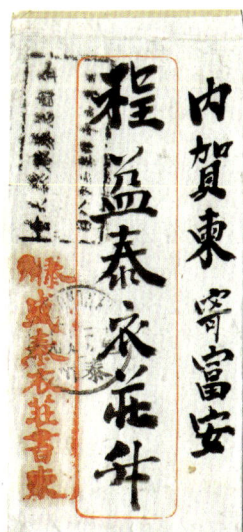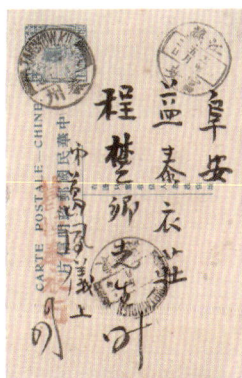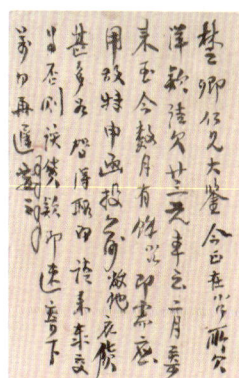

（正面）　　　　　（反面）

图二十九

泰州盛泰衣庄　　邮寄信件　　　　　　民国十年（1921）二月十九日
泰州葛恒泰衣庄　　邮寄明信片　　　　民国十一年（1922）五月一日

（7）从泰县（含姜堰、大桥、溱潼）进货的商业单据与信函

①姜堰黄裕昌染坊加工（见图三十）、转运货单（见图三十一）

黄裕昌染坊加工货单

姜堰东街丁家巷口

8开花其合计16件3元2角

对折花其2段爱灰1元、磁灰8角

对折花其光宇2段9角6分

共计5元9角6分

（即：3.2元＋1元＋0.8元＋0.96元＝5元9角6分）

95折实□例洋5元6角6分2厘

（即5.96元×0.95＝5.662元）

程益泰宝号台照

外兰皮布1疋，请统掷下，切托又及（包装用布统一退回）

辛酉年（1921）六月十日

姜堰裕昌染坊书缄

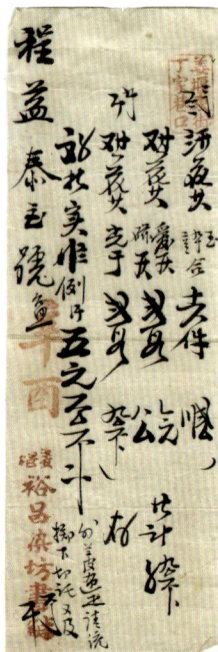

图三十

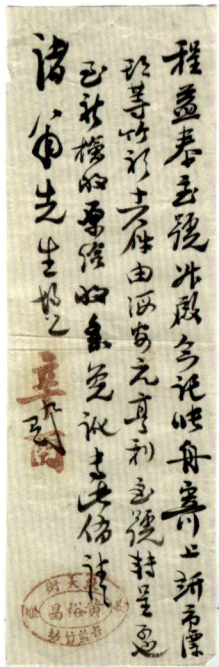

程益泰宝号：升启，今托张舟寄上8开市漂头等竹衫16件，由海安元亨利宝号转呈，可也，至祈检收，原给收条免讹，专此布请诸翁先生均照

辛酉年（1921）九月初二

左下方盖有商店章"姜堰东大街黄裕昌青篮竹坊"。

图三十一

②泰县李同兴发票(见图三十二)

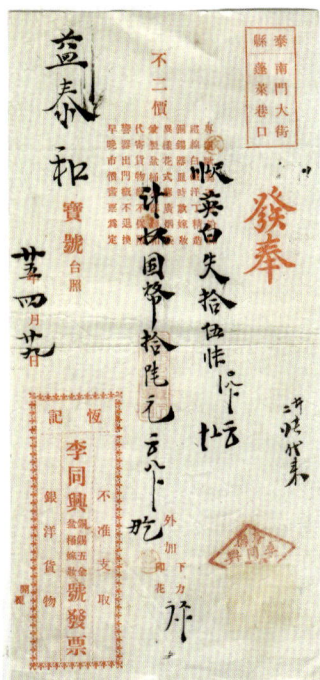

图三十二

(长 23.2 厘米　宽 11 厘米)

地址:泰县南门大街蓬莱巷口

发奉

5 月 2 日由张带来

36 尺英白失　　15 张　　1 元零 8 分　　16 元 2 角

外加:下力 6 分、印花 2 分

计收国币 16 元 2 角 8 分　　　银讫

益泰和宝号台照　　　廿五年(1936)四月廿九日

恒记李同兴铜锡五金盆桶嫁妆号发票

发票上印有"不二价"

还印有该商号的广告内容:

专运欧美五金铅丝　　铁线白铁洋丁精造

铜锡器皿时款嫁妆　　异样花式苏广咽袋

精制盆桶木器镜箱　　代寄货物概不保险

响器出门概不退换　　早晚市价书票为定

③泰县贫民工艺厂抄奉(见图三十三)

长 26 厘米　宽 24 厘米

抄奉

地址:东门大街

时灰丝光线呢	1 疋	8 元 5 角	灰色冲光凤尾	1 疋	6 元 1 角
元丝光花缎	1 疋	8 元 3 角	又　冲光人字呢	1 疋	6 元 3 角
品兰丝光线呢	1 疋	7 元 9 角	它灰冲光条呢	1 疋	6 元 3 角
元丝光三线条	1 疋	7 元 4 角	灰自来格	1 疋	5 元 8 角
它灰丝光线呢	1 疋	8 元 5 角	兰白双纱斗文条	1 疋	5 元 8 角
又　条呢	1 疋	7 元 4 角	青白双纱细条	1 疋	5 元 2 角
菜青丝光竹节条	1 疋	7 元 8 角	白放皮(打包用布)	2 疋	8 角(4 角×2)
灰色三线条	4 疋	25 元 2 角(6 元 3 角×4)			

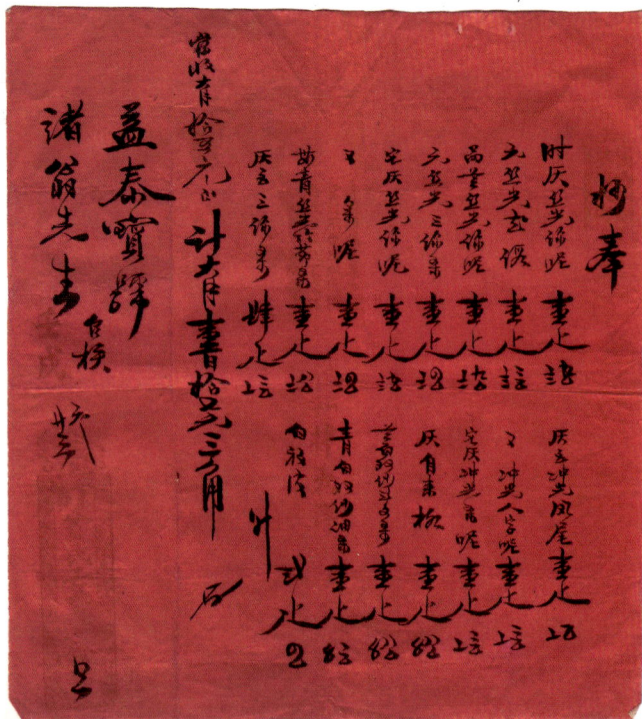

图三十三

计大洋 117 元 3 角

当收大洋 15 元正（盖有"工艺厂"印章）

票中还盖章，内容为"早晚市价书票为定，货价不合原班退回，念（20）天以后概不承认，账外往来与厂无涉。"

益泰宝号

诸翁先生台核

壬戌（1922 年）元月廿三日（新年后的第一张发票，用红纸书写，祝福吉祥。）

泰县贫民工艺厂发票

④泰县瑞华织布厂抄奉（见图三十四）

瑞华织布厂抄奉

泰县北门西仓大街

丽字牌品子新花丝光　　1疋　　9元

地字牌青线白平条　　　1疋　　5元1角

计大洋14元1角

益泰宝号台核

壬戌年（1922）六月十四日

泰县瑞华织布厂发票（印章）

该票盖有印章内容为："早晚市价，书票为凭，货价不合，原班退换，龙洋角子，随市升降，凡迂关税，贵客自理"。

该厂设有分销处，在严家巷口

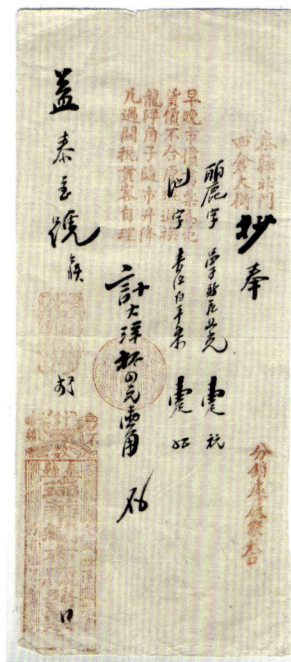

图三十四

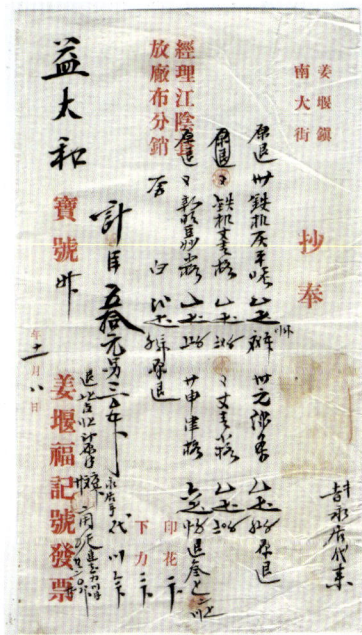

图三十五

⑤姜堰福记号抄奉（见图三十五）

抄奉

30铁机灰平呢　　　1疋　　9元4角5分（退货）

30铁机丈青格　　　1疋　　7元4角5分

30新明豆口小格　　1疋　　6元6角5分（退货）

套　　白　　　　　2疋　　5角3分5厘（退货）

30元线条　　　　　1疋　　5元6角5分（退货）

30丈青小格　　　　1疋　　7元零5分

20申津格　　　　　6疋　　2元1角5分（退3疋）

（印花2分、下力3分、代川8分）

计大洋50元3角5分

益泰和宝号升

年十一月八日

姜堰福记号发票

此货于十一月十一日由永居带来,又由永居退货 6 疋、皮(套白)2 疋,共退 8 疋,退货额计原洋 29 元 2 角 7 分。其余 5 疋,连印花 2 分、下力 3 分、代川 8 分,计大洋 21 元零 8 分。

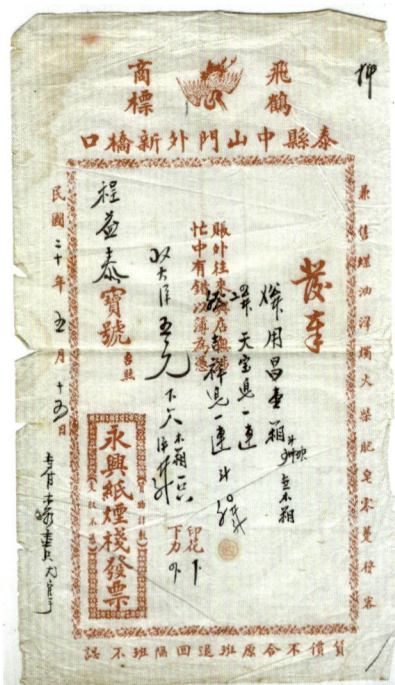

图三十六

⑥泰县永兴纸烟栈发票(见图三十六)

发奉

用昌皂 1 箱计 130 块无木箱(木箱未计价)4 元 8 角 5 分

天宝皂 1 连单价 6 元 4 角 5 分

吉祥皂 1 连单价 5 元 6 角

(印花 1 分、下力 4 分)计 5 元零 5 分 5 厘

收大洋 5 元。下欠洋 5 分 5 厘、木箱 1 只

程益泰宝号台照

民国二十年五月十五日

永兴纸烟栈发票

注明:当付木箱 1 只,尤官手(即已将木箱退回)。

票中印有:"账外往来,与店无涉,忙中有错,以簿为凭"。

上部印有飞鹤商标,地址为:泰县中山门外新桥口。

右侧印有:兼售煤油、洋烛、火柴、肥皂,零趸发客。

下部印有:货价不合,原班退回,隔班不认。

⑦泰县姚裕和发票（见图三十七）

发奉

地址：彩衣街南圈门南首

7尺江鸟英铁20张1元7角4分

计大洋34元8角

6月2日，每张退回洋2分，计去4角。

计34元4角

益泰和宝号台照

民国二十二年

泰县姚裕和铜锡铅元班锣响器发票

该票印有："响器出门，概不退换"。

还印有广告内容：

专运欧美五金铅丝，铁丝白铁洋钉精选，铜锡器皿时款嫁妆，异样花色苏广烟袋，凡迁关捐贵客自理，代寄货物概不保险，货物不合隔班不退。

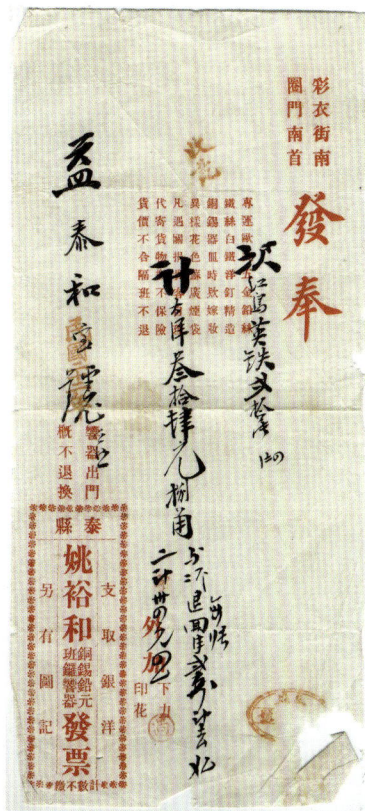

图三十七

⑧泰县同和祥华洋杂货发票（见图三十八）

选奉

地址：坡子街

7角10寸饭碗　　　10打

9角12寸饭碗　　　2打

2角2分长方烟合　　6打

1元6角新式烟缸　　1打

1元3角5分胜德烟缸　1打

1元零5分加市押法帽　2打

3角5分先施粉　　　4打

3元2角5分30寸素盆　1打

9角2号正美照　　　4打

3元1角8分10支大英烟　2盒　　代洋力2角,外印花1分,下力2分

计大洋30元零1分

(即:0.7元×10+0.9元×2+0.22元×6+1.6元+1.35元+1.05元×2+0.35元×4+3.25元+0.9元×4+3.18元×2+0.2元+0.01元+0.02元=30.01元)

益泰和宝号台照

民国二十一年(1932)四月二十五日

泰县同和祥华洋杂货发票

此票中印有:"真不二价"、"本号专运,华洋杂货,五金电料,欧美磁器,琅光礼架,化桩香品,八音锺表,中外绒毯,新奇玩物,无美不备,如蒙赐顾,无不克已"、"凡迁关捐,贵客自理,早晚市价,书票为凭"、"途中诸险,恕不负责,各友借贷,与店无涉"以及"注意:油火烛皂烟,叩光现惠"。

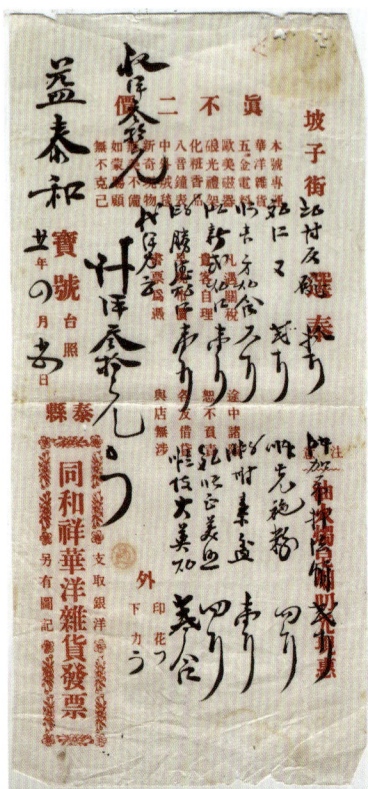

图三十八

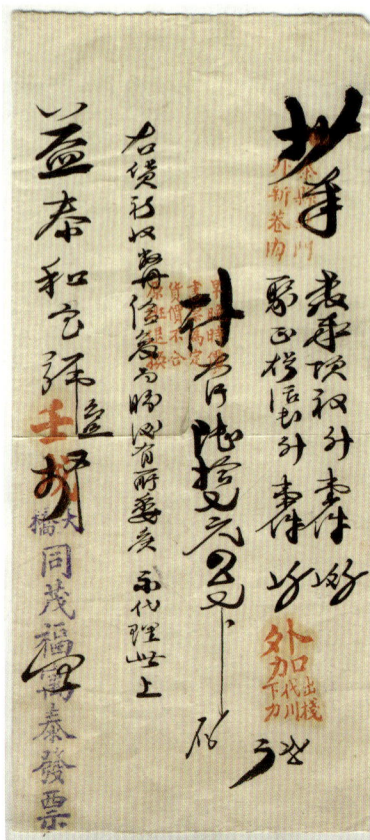

图三十九

⑨大桥同茂福发票

同茂福寓泰发票(大桥同茂福在泰县所设的经营部,称"寓泰"。)(见图三十九)

抄奉

地址:泰县北门外新巷内

森泰顶袄　50　一件　695

聚正大号长　50　一件　65

外加代川2角、下力2分

计大洋67元4角7分

(即:50×0.695元+50×0.65元+0.2元+0.02元=67.47元)

右货祈收敝册,给复为盼,后有所委,侯示代理,此上

益泰和宝号台照

壬戌年(1922)六月十四日

大桥同茂福寓泰发票

票中印有:"早晚时价,书票为定,货价不合,原班退换"。

大桥同茂福绒线洋货梭布庄发票(见图四十)

抄上

地址:大桥中街石库门内

加工金线12两58

92元条2两零5分48

代川钱70

计大洋7元8角4分6厘　　又5分

右货计1包,祈收入册,下少之线,不日补奉,此申

益泰宝号升

庚申年(1920)十月十六日

同茂福绒线洋货梭布庄

票中印有:"不二价"、"货物隔班,概不退换"、"早晚时价,书票为定"。

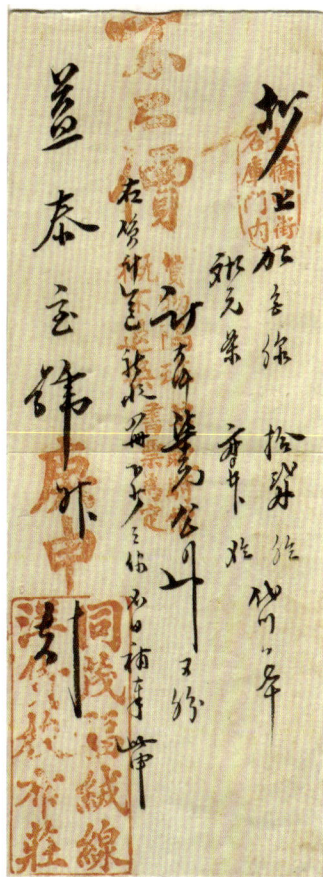

图四十

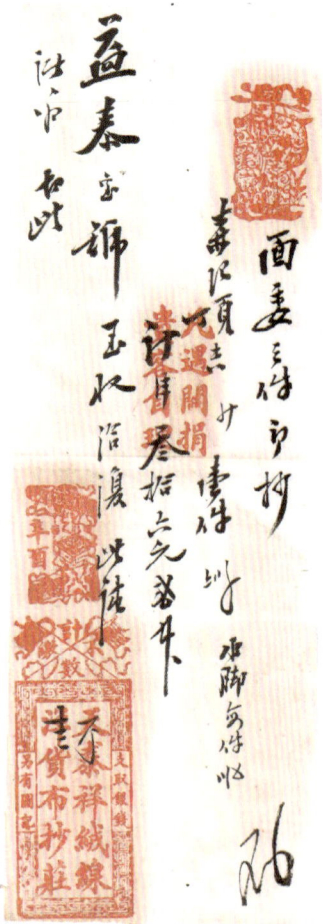

⑩天泰祥发票、介条

大桥天泰祥发票(见图四十一)

地址:大桥镇

面委之件即抄

森□顶尖　50　一件　725

计大洋 36 元 2 角 5 分　　水脚每件 3 角

至收洽复此请

益泰宝号

诸翁切此

辛酉年(1921) 六月十三日

天泰祥绒线洋货布抄庄

票中印有:"凡迁关捐,贵客自理"。

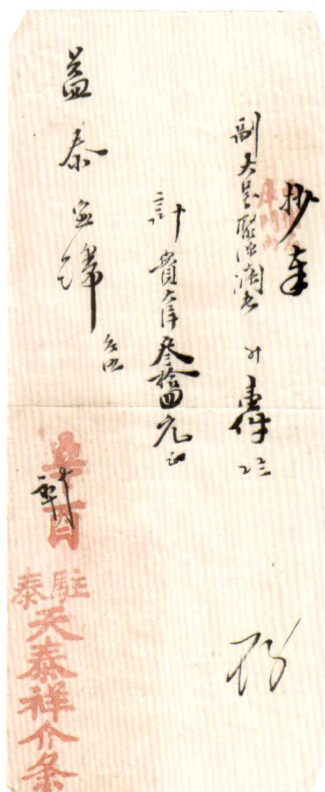

图四十一

驻泰天泰祥介条(见图四十二)

抄奉

地址:中街石库门内

副大号聚线阔长 50　一件 68

计实大洋 34 元正

益泰宝号台照

辛酉年(1921)七月初十

驻泰天泰祥介条

图四十二

⑪泰县福泰祥号发货单（见图四十三）

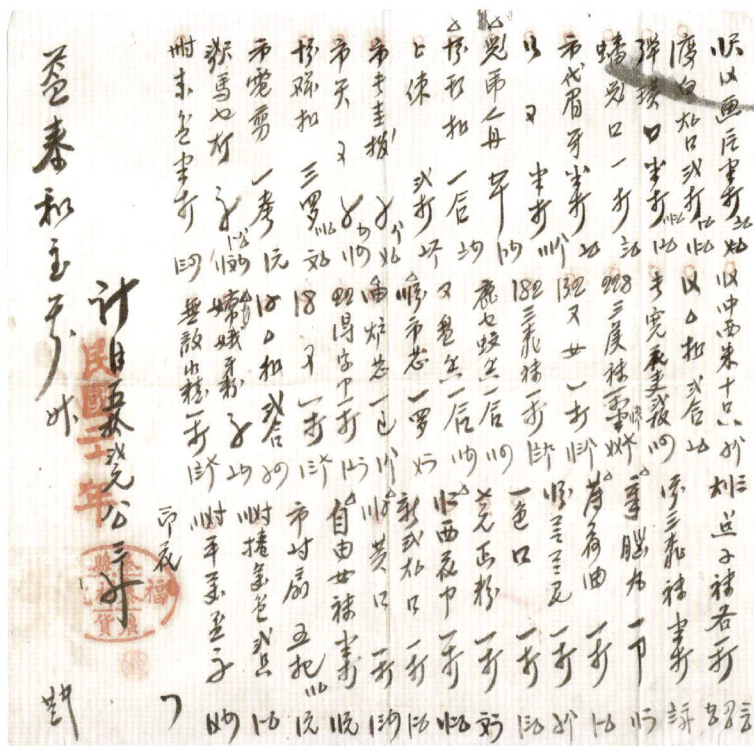

图四十三

此单共计 44 种商品的数量和价格。

其中有各种珠扣、烟嘴、鞋拔、电剪、马灯、发灰、人丹、樟脑丸、薄荷油、蚊香、盘香、男女袜、毛巾、牙粉、炉芯、扇子及各种化妆品等。

计大洋 52 元 8 角 3 分 5 厘

益泰和宝号升

民国二十年（1931）五月二十三日

泰县福泰祥广货号

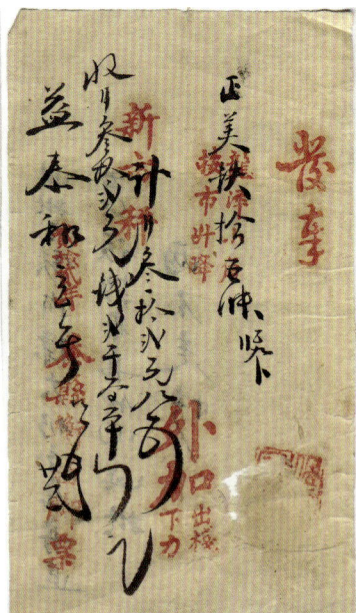

图四十四

⑫泰县衡昌脚票（见图四十四）

发奉

正美铁 15 张 2 元 1 角 9 分

计大洋 32 元 8 角 5 分

收大洋 32 元　钱 2 千 6 百平乞

益泰和宝号照

民国二十二年（1933）五月二十二日

泰县衡昌脚票

票中印有："龙洋小角，按市升降"、"新市秤"。

⑬泰茂皂烛厂发票（见图四十五）

地址：北门外孙家桥河西

发奉

16 吉字皂 1 箱 4 元

144 伞皂 1 箱 7 元 2 角

100 兰花皂 1 箱 7 元

洋木箱 1 只 2 角又 30 角　　代垫印花 3 分、下力 1

分

计实大洋 20 元 5 角 4 分

当收洋 15 元

益泰宝号台照

泰茂皂烛厂发票

民国二十年（1931）五月二十四日

票中印有："注意：启者近来各种肥皂用木箱装奉

本皂箱一律除净皂箱两不记帐特此申明；凡迁关捐尊

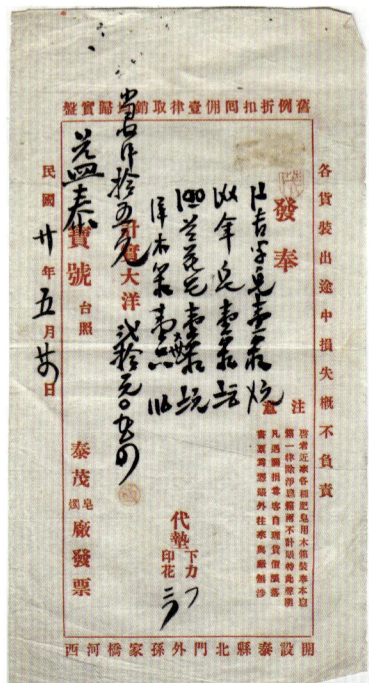

图四十五

客自理货价涨落书票为凭帐外往来与厂无涉"、"各货装出途中损失概不负责"、"旧例折扣回佣一律取消均归实盘"。

⑭溱潼唐震泰号发票(见图四十六)

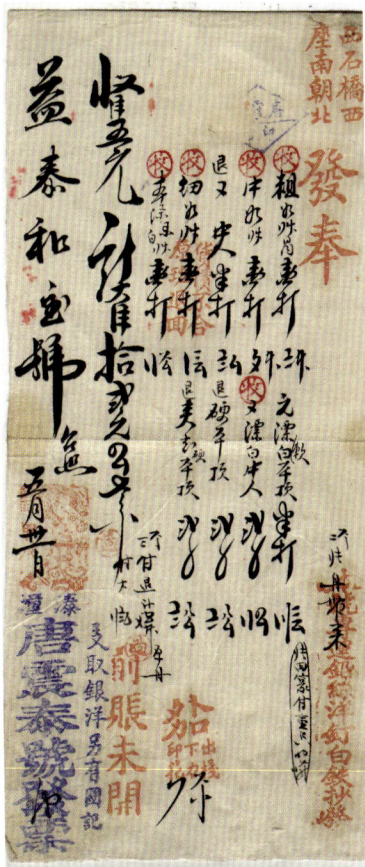

图四十六
溱潼唐震泰号发票

地址:西石桥西座南朝北

发奉

粗如草帽	1打	7角5分
中如草	1打	9角5分
又中人	半打	8角(退)
细如草	1打	1元3角
本漂录、白草	1打	2元6角
元漂软白平顶	半打	3元3角
又漂白中人	1/4打	2元4角
硬平顶	1/4打	7元8角(退)
夹花硬平顶	1/4打	8元8角(退)

收洋5元　计大洋12元4角7分

(即:0.75元+0.95元+0.8元×0.5+1.3元+2.6元+3.3元×0.5+2.4元×0.25+7.8元×0.25+8.8元×0.25+下力0.06元+印花0.01元=12元4角7分)

益泰和宝号台照

甲戌年(1934)五月三十一日

票上写明:"六月二日,张舟带来"、"六月三日付退4元5角5分;付大洋2元8角"。

票中原舟退货3件,计洋4元5角5分。

⑮泰县其他商号的商业单据与信函(见图四十七)

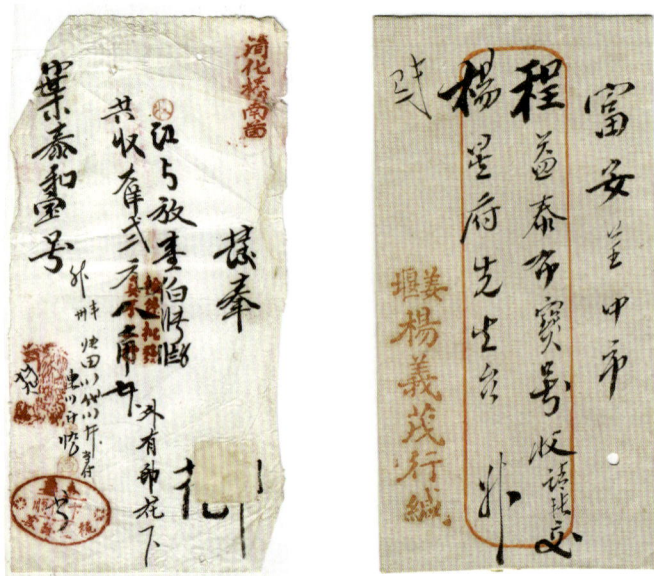

卞恒顺　简化桥南首　发奉　十一月十九日　杨义茂行　便函信封　十一月初二

图四十七

(8)从南通进货的商业单据与信函

①南通大成盛记布庄发票(见图四十八)

长26.2厘米　宽22厘米

地址:西大街木排巷西首

代办

3丈衣赞　30疋(单价7角)　计洋21元

21绸机　60疋(单价5角4分)　计洋32元4角

平双提　15疋　6元500文(500文克洋1角5分4厘)外叩佣2角4分,计洋6元3角9分4厘

土布皮　6疋　打包用(单价6角2分)　计洋3元7角2分

公厘洋8分9厘

总共计洋63元6角零3厘

(即:21元+32元4角+6元+1角5分4厘+2角4分+3元7角2分+8分9厘=63元6角零3厘)

以前欠洋14元1角1分9厘

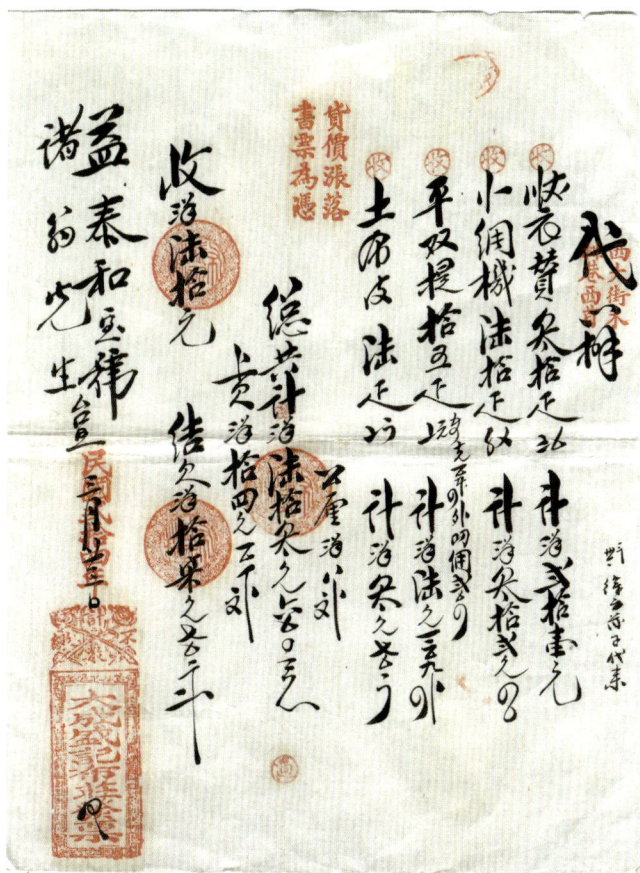

图四十八

收洋 60 元　结欠洋 17 元 7 角 2 分 2 厘

益泰和宝号

诸翁先生台照　民国廿四年(1935)三月廿三日

左下方盖有"大成盛记布庄发票"印章。在结算金额处盖有"大成盛记庄"图记,并标明"货价涨落,书票为凭"。

发票上所盖"收"字小圆印,系程益泰已验收此货之记号。

发票上所盖过字小圆印,系表示此发票已入账登记。

发票右下角写有"3月31日徐广茂子带来",徐广茂及其子徐世贵均为程益泰外勤业务人员。

发票上的印花税票已脱落。

②南通大生纺织物四公司发卖部发票(见图四十九)

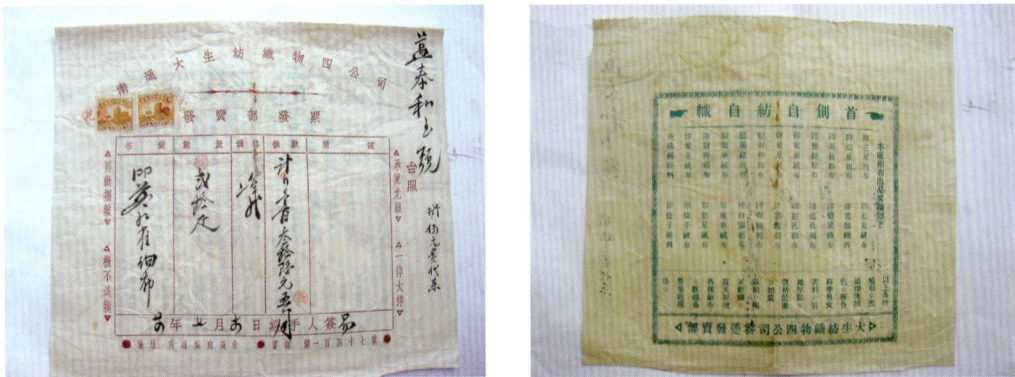

图四十九

(正面紫色印刷) 高 20.7 厘米,宽 24.7 厘米。

第一栏　名货　12p 兰孔雀细布("名货"应为"货名",印刷时印错)

第二栏　数量　式拾疋

第三栏　价格　六元八角二分半

第四栏　银数　计洋壹百叁拾陆元五角

第五栏　附注

下面横栏填写日期为二十四年七月十四日　经手人签　易

右侧印有　承蒙光顾　一律大洋

左侧印有　剪断折皱　概不退换

下侧印有　地址 南通城南新市　电话　第一百四十七号

右上侧书写益泰和宝号台照

右下侧写有七月十九日何元贵带来(何元贵为程益泰采购业务员,七月十九日收到此货)

左上侧贴有"国民政府印花税票"2 枚,面值均为 1 分。

p 可能为"码"的代号,1 码为 3 英尺;1 英尺为 12 英寸;1 英寸为 2.54 厘米。

12 码为 10.97 米,折算市尺为 3 丈 2 尺 9 寸。

发票背面为广告印刷(绿色印刷)

两只手指向"首创自纺自织"

本厂棉布出品略举如下,列举了22个品种的产品:16p 三星粗布,16p 魁星粗布,16p 品桃粗布,16p 双龙粗布,16p 电车绒布,16p 魁星绒布,15p 财神粗布,15p 电车绒布,13p 财神粗布,13p 电车绒布,全线罗帐料,13p 魁星绒布,12p 云龙细斜,13p 魁星细布,12p 蓝孔细布,12p 红孔细布,12p 云龙细布,11p 青龙细布,1075 白面粗布,9p 电车绒布,9p 魁星绒布,5p 条子帐料。并说明"以上各牌棉布,漂染深浅颜色,极合四季男女衣料,质地坚固,价格低廉,如蒙赐顾,竭诚欢迎,兹又新增各种厂布,欢迎各界参观采购。"

下面标注"大生纺织物四公司零趸发卖部"。

③南通源长纱布庄发票(见图五十)

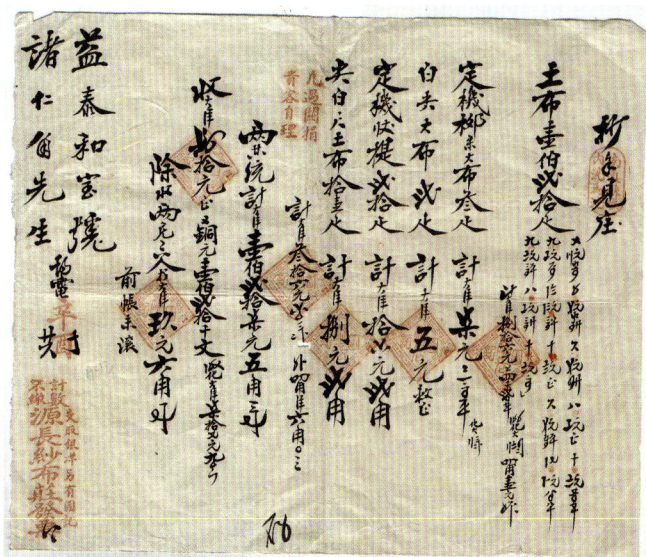

图五十

(长 25.3 厘米　宽 30.5 厘米)

地址:南通县城内洗马池

抄奉见庄

土布 120 疋

(1)4 疋　3 元收 100 文　(2)9 疋　6 元 600 文　(3)9 疋　7 元 360 文

(4)5 疋　4 元收 120 文　(5)18 疋 13 元 380 文　(6)8 疋　6 元 320 文

(7)6 疋　4 元 420 文　(8)10 疋　8 元正　(9)10 疋 7 元 200 文

(10) 8 疋　6 元正　　　(11) 6 疋　4 元 560 文　　　(12)10 疋　7 元 750 文

(13)17 疋　11 元 880 文

以上合计 120 疋;大洋 86 元;钱 4470 文,减去已收 220 文,为 4250 文。

计大洋 86 元钱 4250 文　按 1550 文　计化大洋 2 元 7 角 4 分 2 厘　叩用 1.56 元

定机柳条大布 3 疋　计大洋 7 元钱 360 文　化大洋 2 角 3 分 2 厘

白尖大布 2 疋　计大洋 5 元正

定机二丈提 20 疋　计大洋 16 元 2 角

尖白尺土布 11 疋　计大洋 8 元 2 角

计大洋 36 元 6 角 3 分 2 厘　(即:7 元+2 角 3 分 2 厘+5 元+16 元 2 角+8 元 2 角 =36 元 6 角 3 分 2 厘),外叩用洋 6 角零 3 厘

两共统计大洋 127 元 5 角 3 分 7 厘

(即:86 元+2 元 7 角 4 分 2 厘+1 元 5 角 6 分+36 元 6 角 3 分 2 厘+6 角零 3 厘= 127 元 5 角 3 分 7 厘)

收大洋 40 元正又铜元 120 千文　按 1540 文　计化大洋 77 元 9 角 2 分

除收两兑欠找大洋 9 元 6 角 1 分 7 厘

(即:127 元 5 角 3 分 7 厘-40 元-77 元 9 角 2 分=9 元 6 角 1 分 7 厘)注明前账未滚

益泰和宝号

诸仁翁先生均电　　　　　辛酉年(1921)　10 月 26 日

凡是金额数据处均盖有"源长图记"印章,以示慎重。但又说明"支取银洋,另有图记"。此发票中还申明"凡迁关捐,贵客自理"。

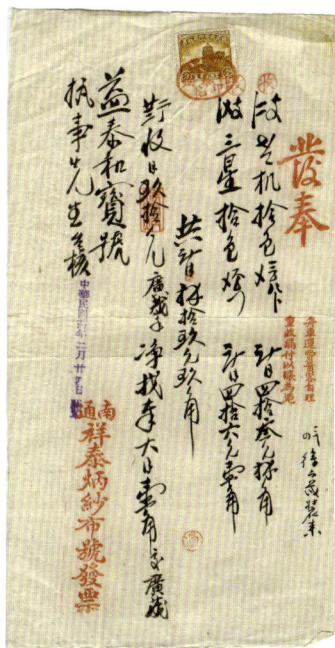

图五十一

④南通祥泰炳纱布号发票（见图五十一）

（长 25.5 厘米　13.5 厘米）

发奉

12 支老机　10 包　4 元 3 角 8 分　计洋 43 元 8 角

14 支三星　10 包　4 元 6 角 1 分　计洋 46 元 1 角

（共计洋 89 元 9 角）

2 月 23 日　收洋 90 元　徐广茂手　净找奉大洋 1 角

交广茂（徐广茂为采购业务员）

票中盖有："舟车运费贵客自理，重收漏付以账为凭"。

收洋 90 元处，盖有"祥泰炳"印记章。

票中贴有面值为 1 分的国民政府印花税票

益泰和宝号

执事先生台核

中华民国廿四年（1935）二月廿四日

南通祥泰炳纱布号发票

⑤南通志记布庄发票（见图五十二）

志记布庄发票（一）

代办

南通西门外彭家巷西首

见庄通土 124 疋

（右侧为 124 疋布的分类数量及金额）

（1）20 疋，15 元，收 140 文；（2）6 疋，5 元，140 文；（3）11 疋，8 元，360 文；（4）16 疋，12 元，200 文；（5）11 疋，9 元，630 文；（6）9 疋，7 元；（7）12 疋，9 元，252 文；（8）8 疋，6 元，504 文；（9）11 疋，9 元，630 文；（10）8 疋，6 元，140 文；（11）8 疋，6 元，收 120 文；（12）4 疋，3 元，530 文。

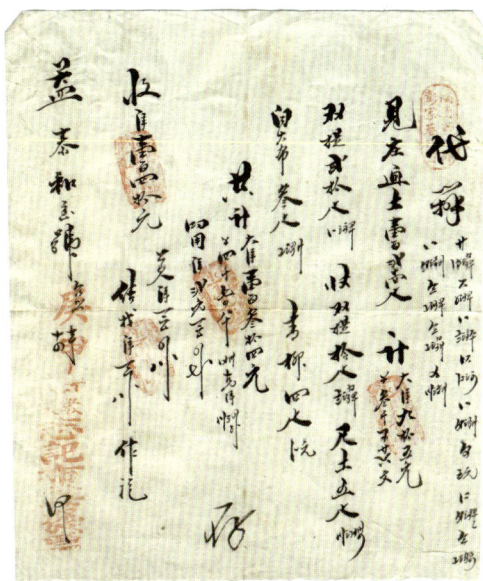

图五十二

77

以上合计 124 疋，大洋 95 元，钱 3386 文，减去已收 260 文，为 3126 文。

计大洋 95 元、钱 3126 文

双提 20 疋

2 丈双提 10 疋

尺土 5 疋

白大布 3 疋

青柳 4 疋

共计大洋 134 元、钱 4780 文（1430 文/每元）

克洋 3.343 元

叨用洋 2.347 元

收洋 140 元

上欠洋 0.348 元

结找洋 0.038 元

（即：134 元＋3.343 元＋2.347 元＋0.348 元－140 元＝0.038 元）

益泰和宝号台照

庚申年（1920）11 月 14 日

志记布庄发票（印章）

该发票在结算金额处均盖有《满文印章》。

志记布庄发票（二）（见图五十三）

代办

南通西门外彭家巷西首

见庄土布 108 疋

（右下部分别为 108 疋布的分类数量和金额）

计洋 66 元、钱 13 千 968 文

尺土布 10 疋 7 元

2 丈双提 10 疋 7 元、钱 1200 文

平阔提 20 疋，其中 14 疋 7 元，6 疋 3 元，

合计大洋 90 元、钱 15 千 168 文

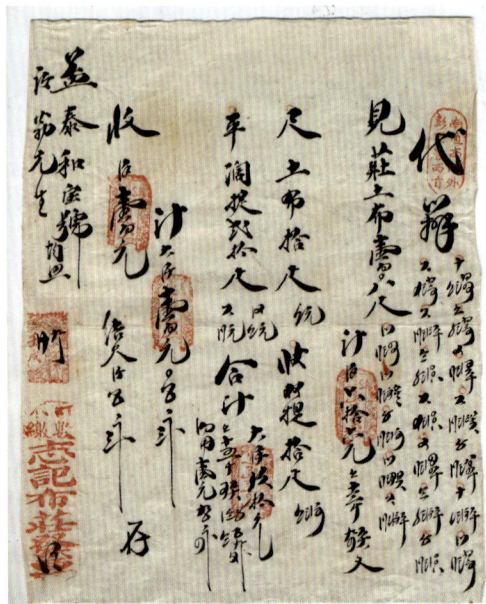

图五十三

(1850 文/每元)克 8.199 元

叩用 1.924 元

计大洋 100.123

收洋 100 元　结欠 0.123 元

(即:90 元+8.199 元+1.924 元-100 元=0.123 元)

益泰和宝号均照

诸翁先生

壬戌年(1922)9 月 20 日

志记布庄发票(印章)

该发票在结算金额处均盖有"满文印章"。

志记布庄发票(三)(见图五十四)

代办

南通西门外彭家巷西首

金丝柳 4 疋 2.225 元

柳大布 2 疋 2.2 元

芦纹布 2 疋 2.05 元

马米布 2 疋 2.15 元

银丝格 2 疋 1.975 元

32 格布 2 疋 1.025 元

28 提布 6 疋 1.25 元

24 提布 10 疋 0.75 元

2 丈双提 10 疋 0.64 元

土布 17 疋 0.625 元

共计洋 59 元 7 角 2 分 5 厘

公厘洋 6 分

收洋 60 元,上存洋 34 元 6 角零 8 厘

结存详 34 元 8 角 2 分 3 厘

益泰和宝号

诸翁先生台照

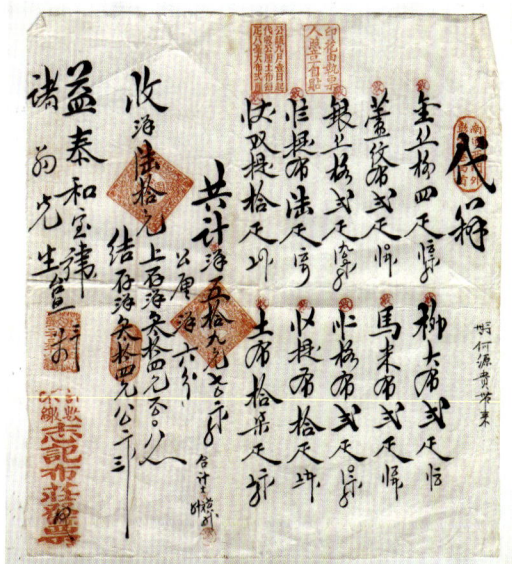

图五十四

民国23年(1934)3月24日　3月1日何元贵带来。

志记布庄发票

在结算金额和收洋处,盖有"志记图记"和"志记庄"印章。

在发票上部盖有"印花由执票人照章自贴",还盖有"公议九月一日起,代收公厘,土布每疋八毫,大布二厘"。

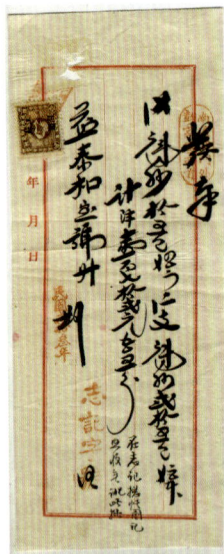

图五十五

益泰和宝号台照

民国二十四年六月二十五日

南通志诚庄纱布营业部发票

有线电报挂号5445、长途电话挂号160

本埠电话160、楼上149

该票中印有:"市价涨落,书票为定,年终结帐,概无抹尾"。

还印有:"如未言定,包运之货,装出风险,概不负责"。

此货六月二十九日,徐广茂带来

账系存大成盛账,敝去45元,余1元盛记付

志记布庄发奉(四)(见图五十五)

南通西门外彭家巷西首

14支魁纱15包4.42元

12支魁纱25包4.25元

计洋172.55元　在志记总账

益泰和宝号升

民国23年(1934)4月21日

志记字号(印章)

该票贴有"面值一分的国民政府印花税票"一枚。

⑥南通志诚纱布庄(见图五十六)

14支三星5包4元3角4分

16支魁星5包4元4角6分

计洋44元

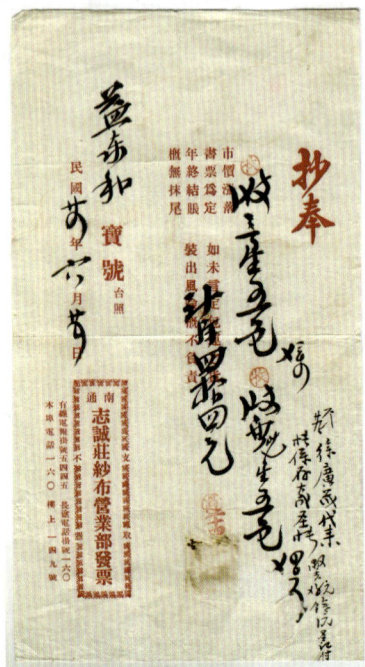

图五十六

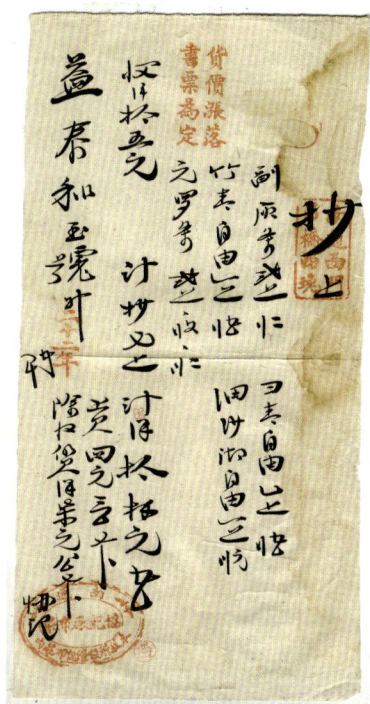

图五十七

⑦南通协记厂布庄抄单（见图五十七）

抄上

副灰条 2 疋 2 元 2 角

竹青自由 1 疋 2 元 5 角

元罗条 2 疋 2 元 9 角、3 元 2 角

彐青白由 1 疋 2 元 5 角

细纱沏自由 1 疋 3 元

计 7 疋　计洋 18 元 5 角

收洋 15 元　上欠 4 元 3 角 7 分

除收仍欠洋 7 元 8 角 7 分

益泰和宝号升

民国二十二年（1933）五月初十

南通协记厂布庄（印章）

票中印有："货价涨落，书票为定"。

⑧南通乾和纱庄发奉

发奉（一）（见图五十八）

南通县西门外

12 支寿主 1 箱 210 元零 4 角

14 支寿主 1 箱 218 元

计洋 428 元 4 角

益泰和宝号

民国二十一年（1932）五月二十二日

乾和纱庄计数不缴

贴有印花税票已脱落。

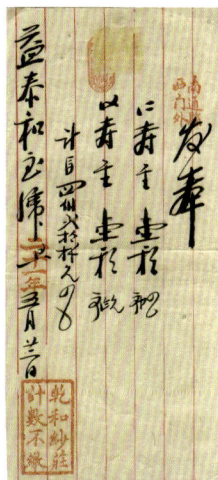

图五十八

发奉(二)(见图五十九)

南通县西门外

12 支魁星 10 包 4 元 9 角 8 分

14 支三星 10 包 5 元零 8 分

共计国币 100 元零 6 角

此上

益泰和宝号

民国二十五年(1936)五月十九日

乾和纱庄计数不缴

票中印有:"市价随时涨落,书票登帐为凭"。

贴有面值 2 分的国民政府印花税票一枚

此账系志记代办,亦过志记发票。

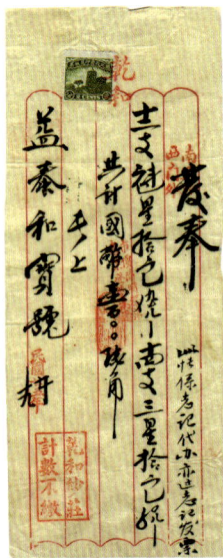

图五十九

发奉(三)(见图六十)

发奉

南通县西门外

12 支斗 13 包 6 元 1 角 5 分

14 支斗 7 包 6 元 3 角 5 分

计洋 124 元 4 角

益泰和宝号照

民国二十五年(1936)十二月八日

乾和纱庄计数不缴

票中印有:"市价随时涨落,书票登帐为凭"。

贴有印花税票已脱落。

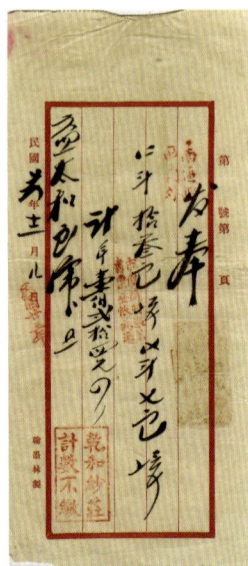

图六十

⑨南通永兴隆布庄发票(见图六十一)

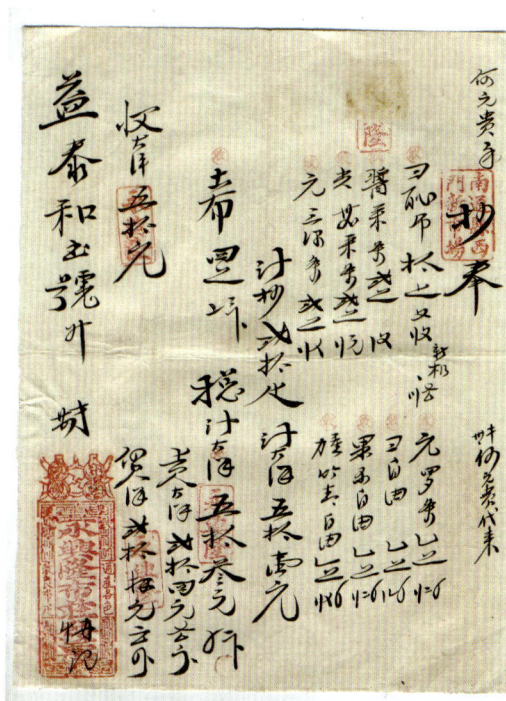

图六十一

抄奉

地址:南通县西门新市场

彐耻布　10疋(其中9疋为2.9元、1疋为3.7元)

酱彩条　2疋　1元9角

尖才彩条　2疋　2元

元三线条　2疋　2元4角

元罗条　1疋　2元2角5分

彐自由　1疋　1元6角5分

果录自由　1疋　2元2角5分

力重竹青自由　1疋　2元4角5分

计抄20疋　　计大洋51元

土布4疋6角3分

总计大洋 53 元 5 角 2 分　　上欠大洋 24 元 7 角 2 分

收大洋 50 元　　仍欠洋 28 元 2 角 4 分

益泰和宝号升　　　　十一月二十四日

永兴隆布庄发票

此货于 11 月 30 日由何元贵(程益泰业务员)带来。

⑩南通隆记布庄发票(见图六十二)

代办

(1)11 疋,6 元;(2)18 疋,9 元,680 文;(3)27 疋,15 元;(4)10 疋,5 元,2200 文;(5)12 疋,8 元,收 600 文;(6)10 疋,6 元,600 文;(7)7 疋,4 元,1950 文;(8)8 疋,4 元,1500 文;(9)22 疋,12 元,600 文;(10)35 疋,20 元,600 文。

合计 160 疋,89 元,钱 8130 文减去已收 600 文,为 7530 文。

土布 160 疋,计大洋 89 元　钱 7530 文。

叨用 2 元 5 角 6 分　钱 3200 化洋 2.353 元　代收公厘 0.128 元

总计大洋 94 元零 4 分 1 厘

收大洋 80 元揭欠大洋 14 元零 4 分 1 厘

益泰和宝号台升

诸翁先生

民国二十四年(1935)三月十一日

隆记布庄发票

该票右下部分,标有土布 160 疋的分类数量和金额。

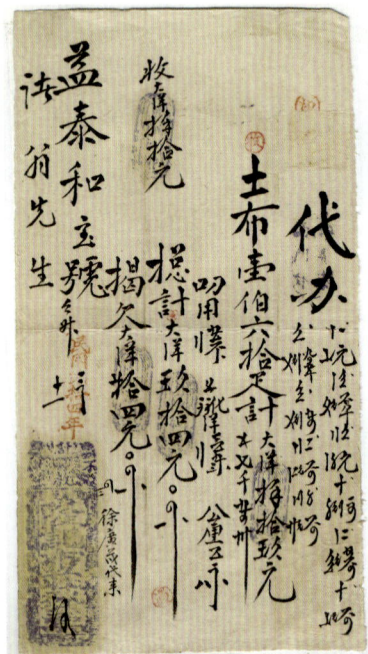

图六十二

⑪南通其他商号的商业单据与信函(见图六十三)

恒记布庄　　　　信件　　　　民国十一年八月初八(邮戳为 9 月 28 日)

通州霖记布庄　　邮政信件　　民国十年二月十三日

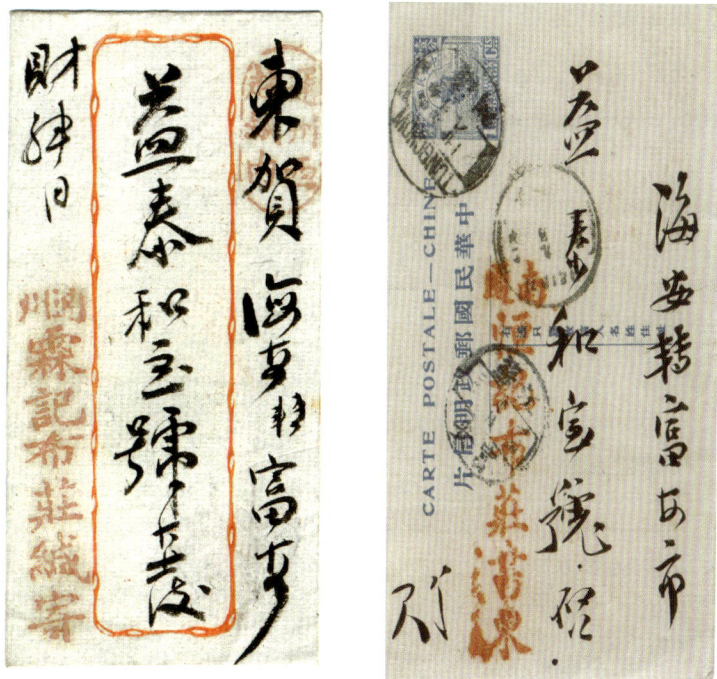

图六十三

(9)从如皋(含双甸)进货的商业单据与信函

①如皋大兴水单(见图六十四)

长 24 厘米　宽 11.4 厘米

送上

程益泰宝号　台启兹奉大扎遵即选奉

双秃尖土如青　　　　　10 疋　　　134

秃尖土如青　　　　　　10 疋　　　132

昌扣力条青印　　　　　10 疋　　　105

尖扣力条青印　　　　　10 疋　　　86

青印花口袄　　　　　　5 方　　　3 角

计大洋 47 元 2 角

(即:13 元 4 角＋13 元 2 角＋10 元 5 角＋8 元 6 角＋3 角×5＝47 元 2 角)

祈收入册示复为盼,所奉扣印请其代销,勿却,□□此荐

此单还盖有"凡迁关津,尊客自纳"、"不二价"等印章。

楚翁

诸翁先生财安

庚申年(1920)10 月 20 日　　如皋大兴水单

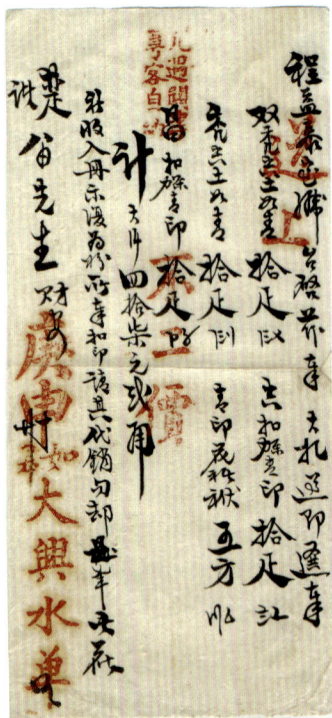

图六十四

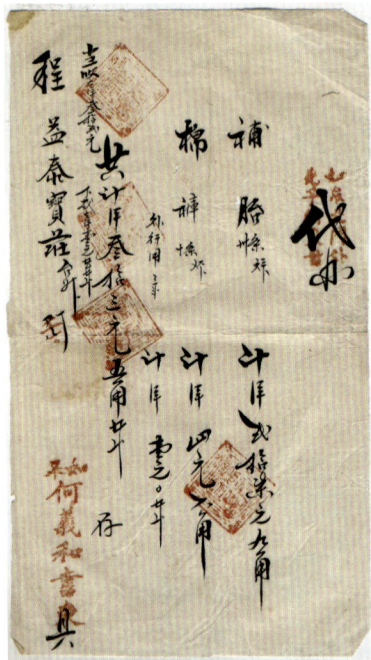

图六十五

②如皋何义和代办单(见图六十五)

如皋北门外花子树东首

补胎	卅条	9 角 3 分	计洋 27 元 9 角
棉裤	十条	4 角 6 分	计洋 4 元 6 角
外行用		3 分 2 厘 5	计洋 1 元零 5 分 6 厘

共计洋 33 元 5 角 5 分 6 厘

(即:27 元 9 角+4 元 6 角+1 元零 5 分 6 厘=33 元 5 角 5 分 6 厘)

当收大洋 32 元　下找大洋 1 元 5 角 5 分 6 厘

程益泰宝庄台升

壬申年(1932)十月初八　　如皋何义和书束具

壬申年为民国 21 年(1932),从该单据中可以看出程益泰虽已专营布业及洋广百货业，但对棉花胎、棉裤等衣被类传统成衣商品仍然继续经营。

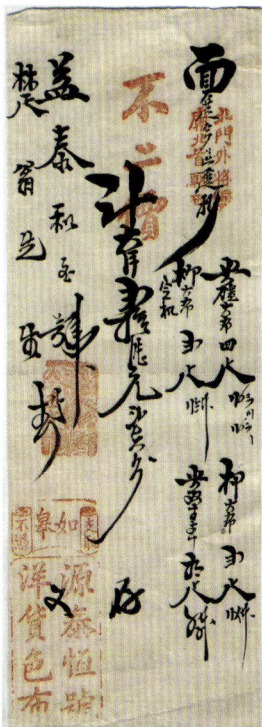

图六十六

③如皋源泰恒抄奉

源泰恒抄奉（一）（见图六十六）

地址：北门外将军庙北首朝西

面选今遵选抄

尖加宽大布 4 疋（2.53 元，3 疋、2.52 元，1 疋）

定机柳大布　2 疋　2 元 8 角 5 分

祁大布　　2 疋　2 元 4 角 5 分

尖双提本　　10 疋　5 角 5 分 5 厘

计大洋 26 元 2 角 6 分

益泰和宝号

楚翁先生

壬戌年（1922）八月十四日

如皋源泰恒号洋货色布

源泰恒抄奉（二）（见图六十七）

抄奉

地址：北门外

同尖加长土双□　20 疋　1 元零 2 分 5 厘

润扣苏印　10 疋　　8 元 9 角

计大洋 29 元 4 角

程益泰宝号台照

丁卯年（1927）六月二十六日

源泰恒吉记号洋货色布抄庄

票中印有："真不二价"、"凡迁关捐，尊客自纳"、"洋货市价，早晚不同，书票为定"、"龙洋小角，照市贴色"。

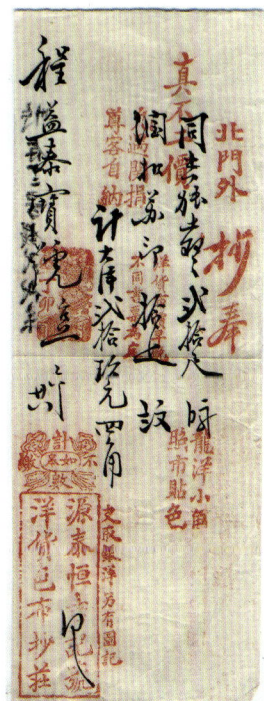

图六十七

源泰恒抄奉(三)(见图六十八)

抄奉

北门外

30 码提尖彐布　　1 疋　　5 元 9 角 5 分

20 码水浪条尖　　1 疋　　4 元 8 角

尖土双□　　　　10 疋　　9 角 8 分

20 码明华呢　　2 疋　　5 元 3 角

20 码旗袍呢　　1 疋　　4 元 1 角

计大洋 35 元 2 角 5 分

程益泰宝号

诸翁先生

中华民国二十二年(1933)二月二十八日发

源泰恒吉记号棉夏布疋抄庄

票中印有:"真不二价"、"隔班不退"。

该票上写有:退 20 码水浪条尖 1 疋 4.8 元、20 码明华呢 1 疋 5.3 元,计退 10.1 元。

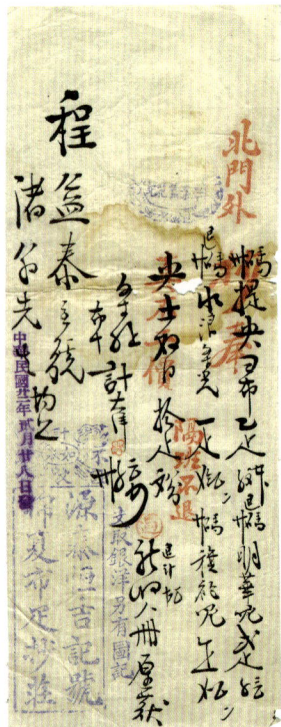

图六十八

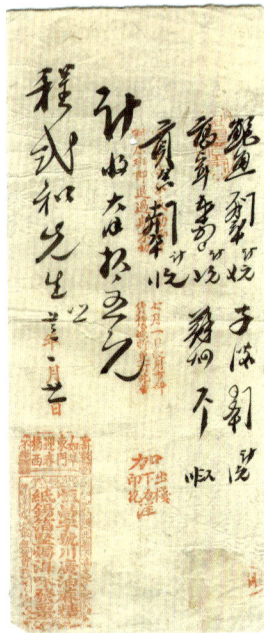

图六十九

④如皋恒昌号发票(见图六十九)

鲍鱼　　1 斤 6 两 3 钱　　计 4 元

高□耳　　5 钱 5 分　　计 6 元

贡香　　1 斤 11 两 8 钱　　计 2 元

子□　　1 斤零 7 钱　　计 1 元

苏烛 6 斤(336)　　计 2 元

计收大洋 15 元

程式和先生照

民国二十三年(1934)一月二十一日

恒昌字号川广油麻糖纸锡箔坚烛海味发票

票中印有:"因货价不合,或斛两不对,原班即退,过期不认"。

还印有:"七月一日改用市秤,货价减折,更订此告"。

⑤如皋华记号发票（见图七十）

发奉

0.58 元/尺,特号晋字元线绨(4 丈 3 尺 5 寸)1 疋

10.8 元/疋,利市高而青 2 疋

计币 46 元 8 角 3 分

(即:0.58 元×4 丈 3 尺 5 寸+10.8 元×2=46 元 8 角 3 分)

程益泰宝号台照

如皋华记棉布号发票

中华民国二十五年(1936)十一月二十七日

票中印有:"货价花色不合,隔班恕不收退"。

票上写有:"各色线绨齐全,如合候示,再奉此请"。

11 月 29 日王庆带来,

又写明 11 月 29 日付(435)0.58 元,利市青 1 疋 10.8 元计 36 元零 3 分(原舟)。

(即:0.58 元×43.5 尺+10.8 元=36 元零 3 分)

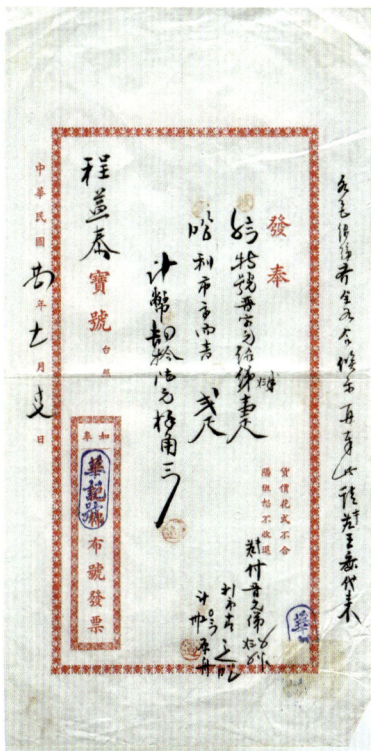

图七十

⑥如皋乾泰丰抄奉

乾泰丰(一)(见图七十一)

抄奉

地址:如皋城内北门大街

八骏元贡缎	30 码	1 疋	5 角 5 分/码
局兰印贡呢	10 码		5 角 4 分
本牌土南蓝	10 疋		1 元零 3 分
灰新花绒	9.2 码		3 角 2 分
如土加申	20 疋		9 角 9 分

计洋 54 元 9 角 4 分 4 厘

(即:30×0.55 元+10×0.54 元+10×1.03 元+9.2×0.32 元+20×0.99=54.944 元)

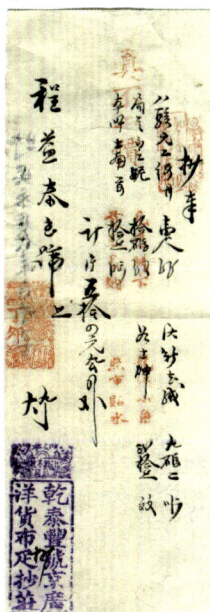

图七十一

程益泰宝号照

丁卯年(1927)九月十八日

乾泰丰京广洋货布疋抄庄

票中印有:"真不二价"、"凡迁关卡,尊客自纳"、"龙洋小角,照市贴水"。

乾泰丰(二)(见图七十二)

抄奉

福禄元口花贡呢　30 码 1 疋　0.325 元

对折超等灰竹　1 段　7 元 6 角

计现币 17 元 3 角 5 分

(即:0.325 元×30+7.6 元=17 元 3 角 5 分)

附上:黎明元贡呢 4 疋,口幅扣布 1 疋祈总收(可能为代售)

程益泰宝号台照

民国二十四年(1935)十二月十日

如皋乾泰丰棉布庄

票中印有:"货价涨落,按市克定,别号高低,概不跟盘"、

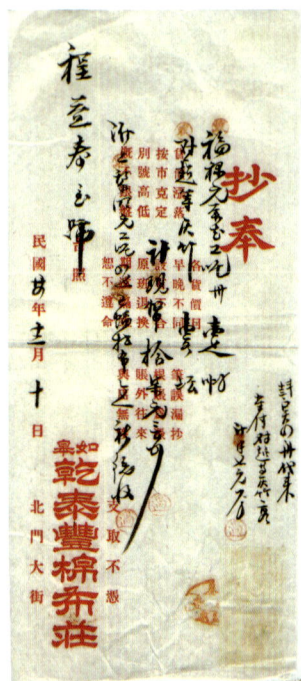

图七十二

"各货价目,早晚不同,设有不合,原班退换,期远隔班,恕不遵命"、"笔误漏抄,根账为凭,账外往来,与店无涉"。

右下方写有:12 月 13 日吴四舟带来,当付对超等灰竹 1 段,计洋 7 元 6 角。

⑦如皋盈记发票

盈记(一)(见图七十三)

发奉

承交敝友手惠下国币拾元,已收大册,今开之价乃特克已,照纱本堆之实难划本,大桥砵是代办性质,祈原谅。

176 细常蓝　5 斤　7 角

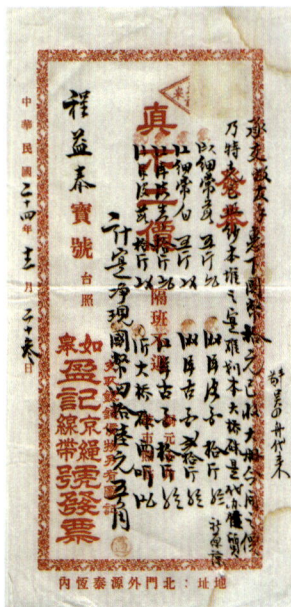

图七十三

16 细常白　5 斤　6 角 4 分

16 洋皮青　10 斤　7 角

16 洋皮蓝　10 斤　6 角 4 分

144 洋皮金　10 斤　5 角 8 分

144 洋古金　20 斤　5 角 8 分

16 洋古金　10 斤　5 角 8 分

1 斤大拆砵　两听　1 元 6 角

计实净现国币 46 元 5 角

程益泰宝号台照

中华民国二十四年(1935)十二月二十三日

如皋盈记京绳线带号发票

票中印有:"真不二价"、"隔班不退"、"铜元小角,按市照贴"、"地址:北门外源泰恒内"。

盈记(二)(见图七十四)

发奉

御花园花贡呢　1 疋　9 元 9 角

蜞蝶新元羽紬　1 疋　20 元 8 角

□花绉　2 疋　5 元 8 角

计现大洋 42 元 3 角

程益泰宝号

诸位先生均照

民国二十四年(1935)十二月二十八日

如皋盈记棉布号发票

票中印有:"货价随市,书票为定"、"本号自置京绳线带,货好价巧欢迎光顾"。

十二月三十日,王二庆(舟)带来。

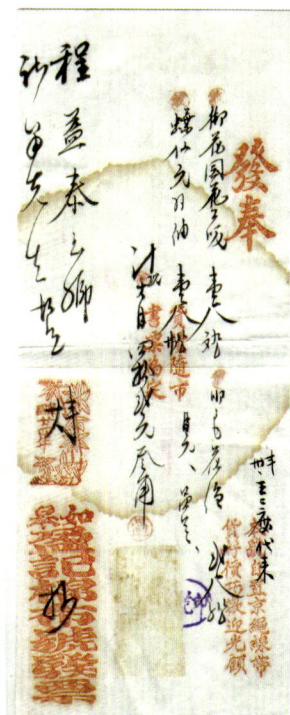

图七十四

91

⑧如皋吴天和发票及信封

吴天和发票（一）（见图七十五）

抄奉

地址：西门城外大圣庙东

加工美如放青 10 疋 1 元零 6 分

计大洋 10 元零 6 角

程益泰宝号

庚申年（1920）阴历十月十一日

如皋吴天和号水单

票中印有："不二价"、"凡迁关税，尊客自理"、"货物出门，隔班不退"、"小洋凭市照贴"、"批发价目书票为定，结账除零概不承认"。

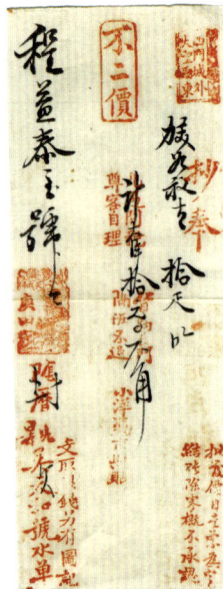

图七十五

另有信封一枚："函外布 10 疋，计 1 件，送：程益泰宝号台收，10 月 11 日，如皋吴天和号信缄"。与此件"抄奉"应为一起。

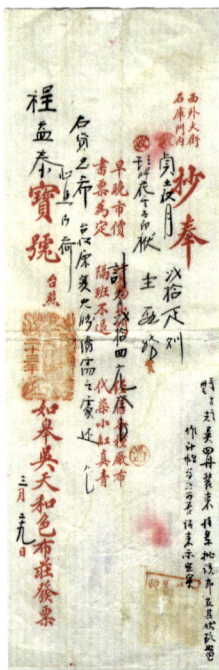

图七十六

吴天和发票（二）（见图七十六）

抄奉

地址：西外大街石库门内

贞土双月　20 疋　9 角 3 分

头牌花云青印袱　1 段　5 元 7 角

计大洋 24 元 3 角

右货至，希台收，原复免盼续需之处还乞，心照乃荷

程益泰宝号台照

民国二十三年（1934）三月二十九日

如皋吴天和色布庄发票

票中印有："早晚市价，书票为定"、"货物出门，隔班不退"、"经售各种厂布，代染小缸真青"。

右下部写有："3 月 31 日，古 2 月 16 日，吴四舟装来，收条批该布,花其袄玖盘作计22元5角,尊如可否,请来示定实"。

图七十七

⑨如皋森记号水单(见图七十七)

接示发上

地址:附设县署西首大福来内

0.54元□□一品元贡呢　　30码　　1疋

0.3元□□品兰斜羽　　　　31码　　1疋

计洋25元5角

(即:0.54元×30+0.3元×31=25元5角)

益泰宝号台照

壬戌年(1922)九月二十九日

如皋森记水单

右一下部写有:"上海来信:元贡呢大涨每码加上5分,□洋7分,应派5角8分,9分,今开5角4分,格外□级,后济须5角6分,每每涨不足、跌不足,人皆此理耳,可批。"

⑩如皋公记号抄奉(见图七十八)

抄奉

地址:武定桥南

智绸如青20疋8角6分

计大洋17元2角

到祈□收入册原复乃荷此致

益泰宝号照

丙寅年(1926)三月十四日　弟希手叩

如皋公记号附设陈延记号内

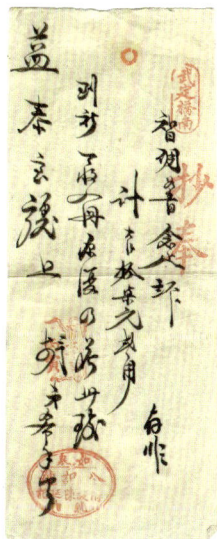

图七十八

⑪如皋鼎新昌发奉（见图七十九）

发奉

地址：如皋城内十字街西

华元冲光条　　1疋　　3元8角

425人枪漂　　1疋　　14元5角

30码斜文条　　1疋　　5元7角

新衣□　　　　73码　　2角2分5厘

（即：13×1＋10×3＋15×2＝73码）

计大洋40元4角2分5厘

（即：3.8元＋14.5元＋5.7元＋0.225元×73＝40元4角2分5厘）

程益泰宝号

丁卯年（1927）五月十七日

鼎新昌号绒线洋货色布抄庄

票中印有："真不二价"、"早晚市价，书票为定，各货出门，隔班不退"、"凡迁关津，贵客自理"、"小洋照市"。

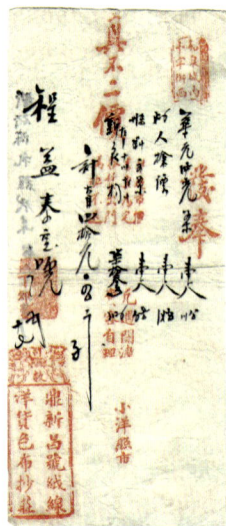

图七十九

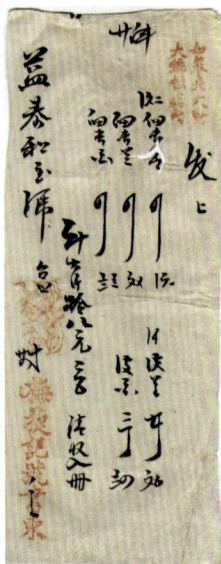

图八十

⑫如皋梅捷记发单（见图八十）

地址：北大街大牲恒店内

发上

192细长青　　4斤　　1元

细长蓝　　　　4斤　　9角4分

细长金　　　　4斤　　8角8分

皮蓝　　　　　5斤　　9角

皮金　　　　　3斤　　8角4分

计大洋18元3角　　　请收入册

益泰和宝号台照

癸亥年（1923）十月二十四日

梅捷记号书柬

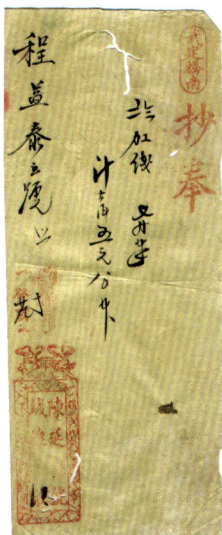

图八十一

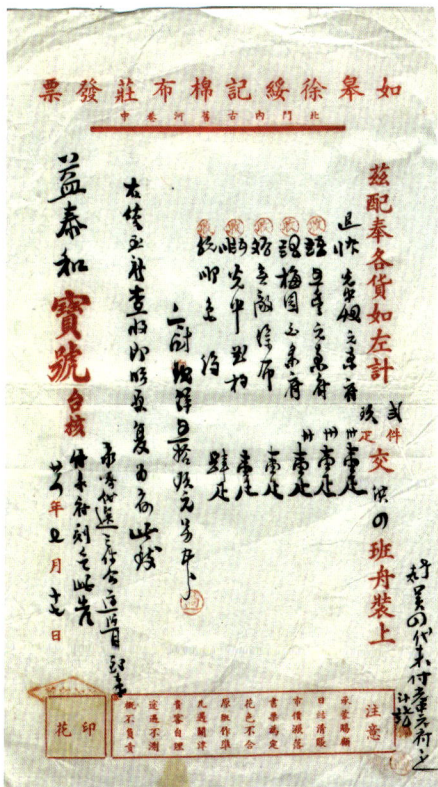

图八十二

⑬如皋陈延记号抄奉（见图八十一）

抄奉

地址：武定桥南

78 加工线　　7 两 5 钱

计大洋 5 元 8 角 5 分

（即：0.78 元×7.5 两＝5 元 8 角 5 分）

程益泰宝号照

癸亥年（1923 年）十月二十九日

陈延记号绒线抄庄

⑭如皋徐绥记发票（见图八十二）

兹配奉各货如左计 2 件 9 疋交洪四班舟装上

　　0.29 元　光中 42 元京府 30 码一疋（退）

（即：0.29 元×30＝8.7 元）

　　8.5 元 五丰元京府 30 码 1 疋

　　8.4 元 梅园金条府 30 码 1 疋

　　9.6 元 无敌漂布 1 疋

　　3.85 元 光中□□1 疋

　　5 元 三 P 色绉 4 疋

　　计现洋 59 元零 5 分

（即：8.7 元＋8.5 元＋8.4 元＋9.6 元＋3.85 元＋5 元×4＝59 元零 5 分）

　　右货至祈查收即盼原复为荷此致

　　益泰和宝号台核

　　另附言："承嘱代选三件，今运照目配来，付录府刻乏，此告"

　　民国二十五年（1936）七月十七日

　　如皋徐绥记棉布庄发票（北门内古旧河巷中）

　　票上写有："七月十九日，吴四舟带来，付光

95

中元府一疋计 8.7 元"（即退货）。

此票下方印有："承蒙赐顾，日结清账，市价涨落，书票为定，花色不合，原班作准，凡迁关津，贵客自理，途迁不测，概不负责"。

所贴印花税票脱落。

从票中看出：如皋至海安班舟船主为洪四，海安至富安班舟船主为吴四。

⑮如皋义隆发水单（见图八十三）

抄上

地址：如皋北大街

定机□大 40 并 86（0.086 元×40＝3.44 元）

□洋□蓝 2 斤 82（0.82 元×2＝1.64 元）

计大洋 5 元零 8 分　　祈收入册

程益泰宝号

庚申年（1920）十二月初一

如皋义隆发号水单

票上印有："凡迁关捐，尊客自理，货价不合，原班退回"。

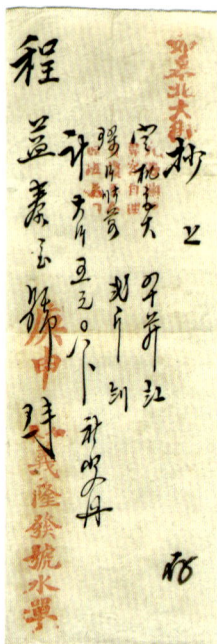

图八十三

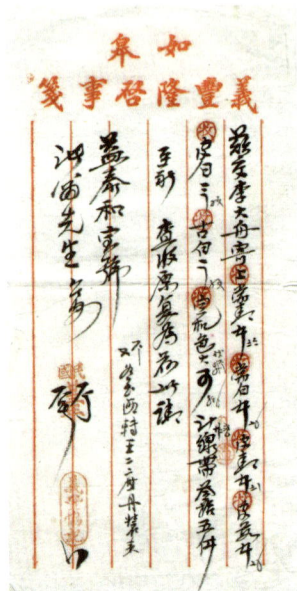

图八十四

⑯如皋义丰协记（见图八十四）

兹交李大舟寄上常青 5 斤（77）、常白 5 斤（65）、皮青 5 斤（71）、皮蓝 5 斤（65）、皮白 3 斤（59）、古白 2 斤（59）、定机色大（伏 6 斤 4 两）可（535），计（22 元 2 角）线带 35 件，至祈查收，原复为荷，此请

（即：0.77 元×＋0.65 元×5＋0.71 元×5＋0.65 元×5＋0.59 元×3＋0.59 元×2＋5.35 元＝22 元 2 角）

益泰和宝号

诸翁先生台安

民国二十三年（1934）六月六日

义丰协记（印）

如（皋）至海（安）转王二庆舟装来。

⑰如皋周景记发票（见图八十五）

地址:东门城内姐姐桥西

发奉

7.5 元洽 30 航空呢	3 疋(7.15×3＝21.45 元)
7.3 元紫彐青新春布	1 疋(7 元)
7.4 元正 30 果永华格	1 疋(退)
6.8 元正 30 果自由呢	1 疋(6.5 元)
1.95 元彩色格	3 疋(1.85×3＝5.55 元)

计现国币 49 元 8 角 5 分

中华民国二十五年三月六日

如皋周景记棉布号发票

票中印有:"货价花式不合,隔班恕不收退"。

该货于三月八日,古二月十五日王二庆舟带来。

票中标明,退 1 疋,收 8 疋所接收的 8 疋中,其价格

略有降低,在其下方标明接收价格,共付洋 40 元 5 角。

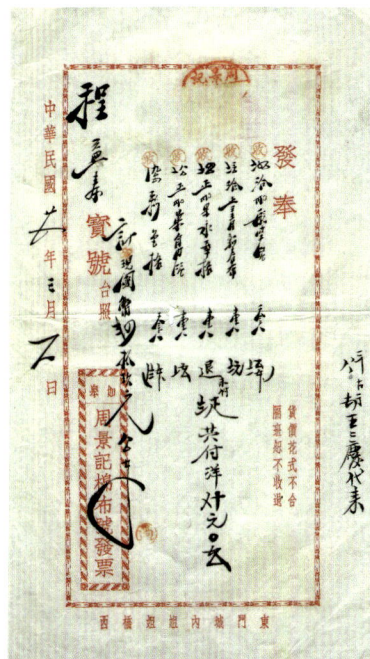

图八十五

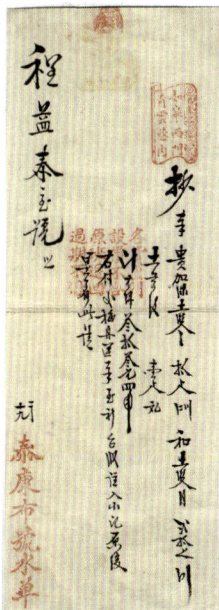

图八十六

⑱如皋泰康布号（见图八十六）

地址:如皋西门青云巷内

抄奉

贵加漂土双 10 疋 1 元 2 用 3 分

和土双月 20 疋　1 元零 1 分

土蓝皮 1 疋 9 角(包装用)

计大洋 33 元 4 角

右付交梅舟送奉,至祈台收,注入小记,原复是荷。此请

程益泰宝号照　　　　　二月十九日

泰康布号水单

票中印有:"各货出门,设价不合,原班退回,过期不退"。

⑲如皋吴和泰抄奉（见图八十七）

抄奉

67 加工石青玉条衣 10 两零 1 钱计 23 扎

计实大洋 6 元 7 角 6 分 7 厘，祈收入册。

兹者刻下丝价涨 3 元，寄来之件仍然照前价，此申

益泰和宝号照

壬戌年（1922）十月初六

吴和泰号

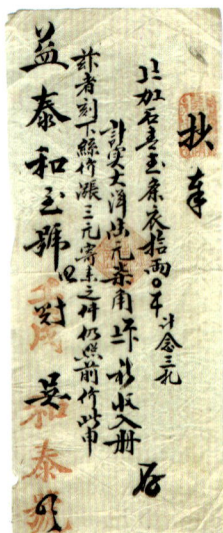

图八十七

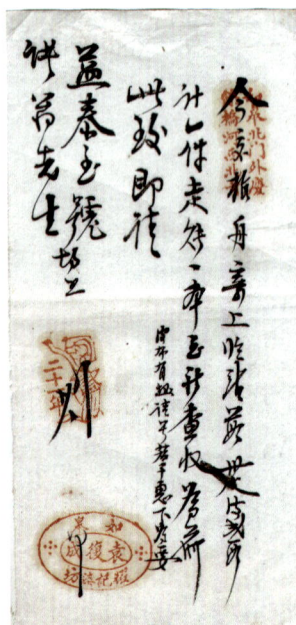

图八十八

⑳如皋袁复成发单（见图八十八）

地址：如皋北门外庆余桥河西北首

今交梅舟寄上 28 站蓝 30 疋、皮 2 段，计 1 件，走账一本，

至祈查收，为荷

此致即请

益泰宝号

诸翁先生均照

民国二十一年（1932）四月二十八日

如皋袁复成耀记染坊

票中正还写有："皮布有坏，请□若干，惠下为要"。

㉑如皋（含双甸）其他商号的商业单据（见图八十九）与信函（见图九十）

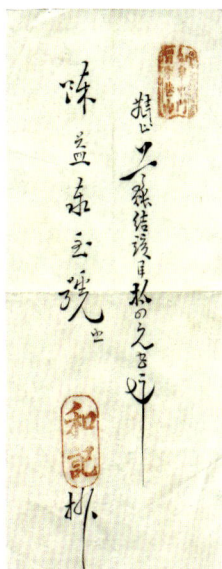

和记　　　东门冒家巷内
对账单　　十二月二十九日

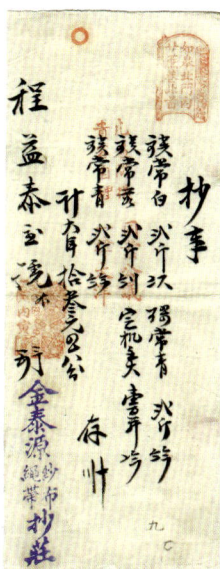

金泰源　　北门甘蔗巷北首
抄奉　　　丙寅年（1926）三月初五

金泰源星记
对账单

泰成号，北门外
许家巷口，抄奉
丙寅年（1926）
四月二十日

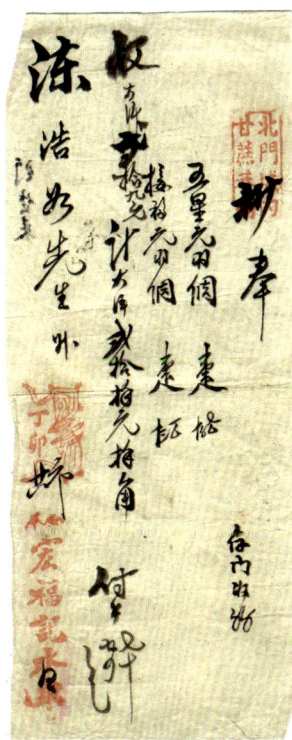

宏福记，北门甘蔗
巷内，抄奉，丁卯
年（1927）元月
二十八日

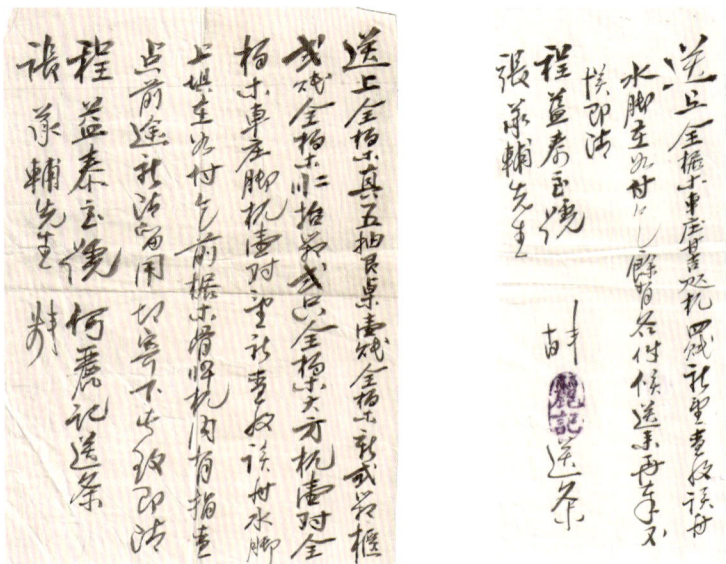

1933 年冬，程益泰主人程式和在如皋何丽记定制的部分结婚
嫁妆，张承辅为我的外祖父，在富安西街开设德兴恒布号。

图八十九

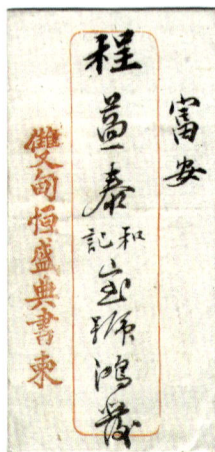

双甸恒盛典信函

图九十

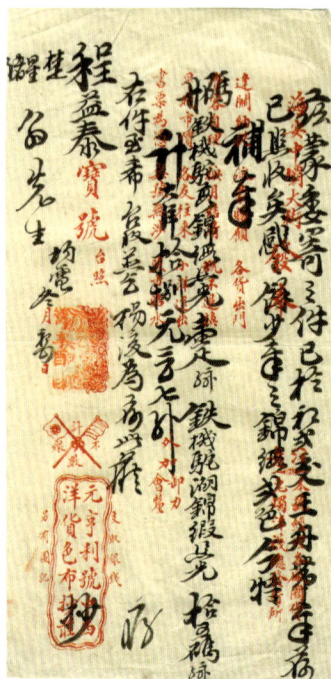

图九十一

(10)从海安(含李堡、曲塘)进货的商业单据与信函

①海安元亨利发奉、抄奉、金褙

元亨利发奉(见图九十一)

地址:海安中坝大街

兹蒙委寄之件已于初二交王舟带奉荐,已照收矣,感之,馀少奉之锦缎式色,今特补奉:

廿码铁机驼蓝锦缎丝光　1疋　　5角2分5厘

铁机驼湖锦缎丝光　　　15码　　5角2分5厘

计大洋18元3角7分5厘

(即:0.525×20+0.525×15=18元3角7分5厘)

右件至希台收并乞赐复为荷此□

程益泰宝号台照

楚(卿)

星(府)翁先生均电

诸

原盖辛酉年(1921),加盖改为庚申年(1920)冬月初五,实为公历1921年1月13日

元亨利号中西洋货色布抄庄

本票内印有红色商号广告:"本号经理各厂国货,皂烛洋袜总发行所"。

还印有各项商规民约:"逢关纳税,贵客自理,早晚市价,书票为凭"、"承蒙赐顾,按月结清,各友往来,与号无涉"、"各货出门,概不退换,小洋进出,照市贴水"。

在店号印章上方还印有两面旗帜:一为五色旗,即当年的中华民国国旗;一为十八星旗,即当年的陆军旗。

元亨利抄奉(见图九十二)

中坝东首

廿码申驼灰大团花缎18码半 正疋12元6角克码　6角3分

廿码铁机丝光黄蓝条呢18码4角4分正疋8元8角克码

4角4分

计大洋19元5角7分5厘

(即:18.5×0.63+18×0.44=19元5角7分5厘)

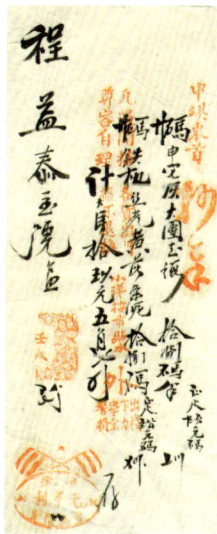

图九十二

程益泰宝号台照

壬戌年(1922)八月初七

海安元亨利印章内上方为交叉的两面五色旗(当年中华民国国旗)。

元亨利金褶(见图九十三)

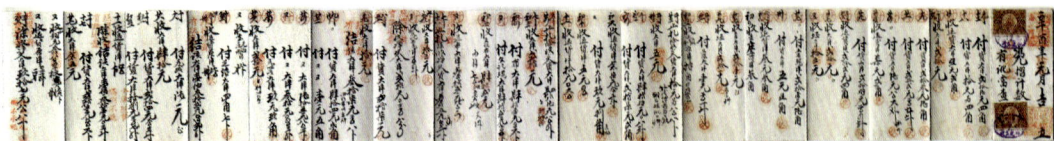

图九十三

封面为"益泰宝号"

首页内容为:

辛酉年元月(阴历)吉立　盖有"元亨利号"印章

贴有一分面值的中华民国印花税票2枚

写有"凭折计数有讹当查"　还标明"小洋按市贴水"

元月12　付货大洋26元4角

元月18　付货大洋10元4角

　　　　　　　　　　　　　　元月20　　收退货大洋5元2角

　　　　　　　　　　　　　　2月初9　　收大洋20元

2月19　付货大洋23元6角

2月21　付货大洋22元2角5分7厘

2月24　付货大洋6元8角6分4厘(注讹4分)　2月25　收退货洋7元2角

2月29　付货大洋28元2角4分8厘　3月初6　　收退货洋22元4角

　　　　　　　　　　　　　　　　　3月27　　收大洋20元

　　　　　　　　　　　　　　　　　又　　　　收坯大洋15元

3月27　付土布现洋21元6角

3月30　付货大洋5元5角

　　　　　　　　　　　　　　4月初4　　收退货洋3元3角

　　　　　　　　　　　　　　　初4　　收去庄土价洋3角

　　　　　　　　　　　　　　　初7　　收土布大洋21元

　　　　　　　　　　　　　　4月29　　收坯大洋20元(去少钱130)

5月初1　付丝钱大洋1元2角1分6厘

　　　　　　　　　　　　　5月初5 收退丝线1两零6分原大洋8角零5厘

5 月 23 止扎　除收净欠货大洋 10 元 8 角 8 分　外带细竹布力 190、铜元坯讹 130

　　　　　　　　　　　　　　　　　　5 月 30　　　收大洋 5 元

　6 月初 2　付货大洋 48 元零 8 分 3 厘
　　初 4　付货大洋 27 元 2 角

　　　　　　　　　　　　　　　　　　6 月初 6　　收退货洋 27 元 9 角 2 分 3 厘

　6 月初 6 付货大洋 9 元 8 角(去 2 角)

　　　　　　　　　　　　　　　　　　6 月初 10　　收退货洋 5 元 4 角
　　　　　　　　　　　　　　　　　　6 月 11　　　收退货洋 10 元 6 角

6 月 24 止扎　除收净欠货大洋 46 元 8 角 4 分　（钱 230 、□月 29 收）

　　　　　　　　　　　　　　　　　　7 月初 3　　收大洋 20 元

　7 月初 5　付布大洋 41 元 4 角 6 分
　　又　　付文记现大洋 42 元 7 角 5 分

　　　　　　　　　　　　　　　　　　7 月初 7　　收文记布大洋 42 元　小洋 7 角
　　　　　　　　　　　　　　　　　　　87 折克大洋 6 角 9 厘净欠 1 角 4 分 1 厘
　　　　　　　　　　　　　　　　　　7 月初 7　　收退布大洋 32 元 9 角 2 分

7 月 18 止扎　除收净欠货大洋 35 元 5 角 2 分 1 厘

　　　　　　　　　　　　　　　　　　7 月 29　　　收大洋 15 元
　　　　　　　　　　　　　　　　　　7 月 29　　　收文记布尾洋 1 角 4 分 1 厘

除收净欠大洋 20 元 3 角 8 分

　8 月 21　付货大洋 27 元

　　　　　　　　　　　　　　　　　　8 月 29　　　收大洋 10 元

结该(欠) 大洋 37 元 3 角 8 分

　　　　细竹布川钱 40
　9 月 20　付货大洋 44 元 2 角
　9 月 22　付货大洋 1 元 5 角
　9 月 24　付货大洋 65 元 8 角 2 分
　　又　　付货大洋 30 元 4 角 3 分 5 厘
　9 月 25　付元呲吱大洋 9 元 9 角

　　　　　　　　　　　　　　　　　9 月 26 收大洋 20 元　钱 40 冲竹布川
　　　　　　　　　　　　　　　　　　又　收花元羽、莲绒洋 4 角 8

10 月初 3　付芝结大洋 4 角 7 分

　　结该(欠)大洋 132 元 5 角 2 分 5 厘

10 月 18　付元绒大洋 6 元

11 月初 1　付货大洋 24 元 6 角 3 分 6 厘
11 月初 5　付货大洋 18 元 3 角 7 分 5 厘

　　除收结该(欠)大洋 131 元零 3 分 6 厘
11 月 17　付货大洋 25 元 5 角 6 分

9 月 30　收退货原洋 36 元 7 角

10 月 28 收大洋 40 元

11 月 11　收退货洋 10 元 5 角

11 月 27　收大洋 25 元
又　　收铜元 3 千 8 百 50 枚兑大洋 24 元 6 角 8 分
　　　(按 156 枚折洋 1 元)
又　　收退货原洋 9 元零 3 分 5 厘

12 月初 8　除收净欠大洋 97 元 8 角 8 分 1 厘

此褶内凡是收大洋数额数的位置均盖有印章,并多处盖有"照褶即对、有讹速查"印章,还标有"小洋照市、隔班不退"及"除零抹尾、概不承认"等内容。

②海安慎发祥发奉(见图九十四)
地址:海安西楗桥西首香店后便是
42 支单线女(袜)　　20 打　　1 元 6 角
计大洋 32 元
今有来人送上,查收入册,此款交来人带回应用,千万千万。
程益泰和记宝号台照
年八月二日
慎发祥针织袜厂发票
此票上还印有:"逢关纳税,贵客自理,早晚市价,书票为凭";"定价划一,不折不扣,承蒙光顾,概叨现思";"小洋进出,照市贴水"。

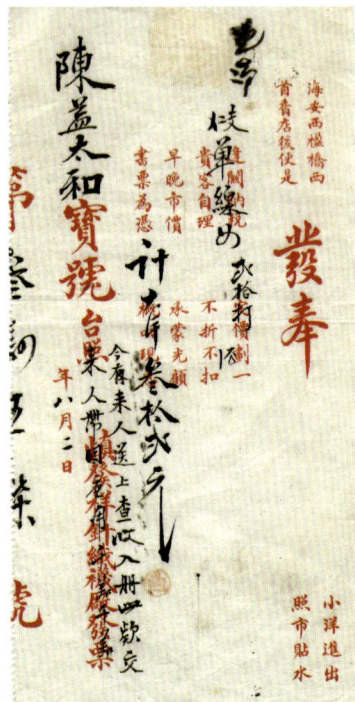

图九十四

104

③海安大立染坊单据(见图九十五)

程益泰和宝号,刻接到来示,今付于钱二舟,寄上 28 赞如青 15 疋,查收。次(下)次,代来手褶相补,是幸

此请

诸位先生均安

壬戌年(1922)六月二十一日

海安大立染坊

④海安立泰村货单(见图九十六)

地址:海安市中坝湾子西大街

收退中秀元羽　　一疋 16 元 3 角

局红 22 呢 30　　一疋 3 角 6 分

秃土角蓝　　十疋　　　1 元零 6 分

花其口袱　　10 个　　2 角 6 分

湖东绉巾　　一条　　9 角 8 分

白　绉巾　　一条　　9 角 4 分

计原洋 42 元 2 角 2 分　　已入册,祈勿念是复。

(即:16.3 元＋0.36 元×30＋1.06 元×10＋0.26 元×10＋0.98 元＋0.94 元＝42 元 2 角 2 分)

又遵选奉

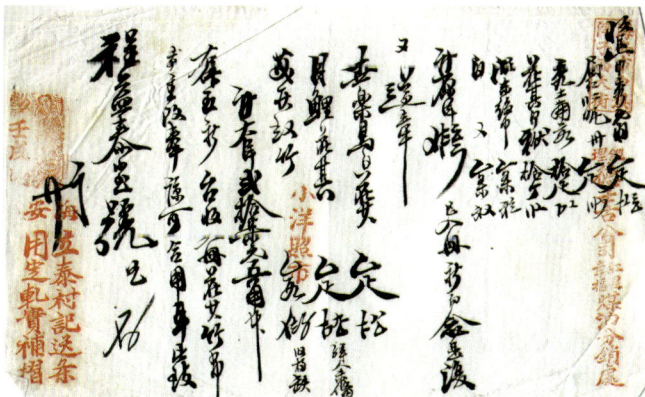

图九十五

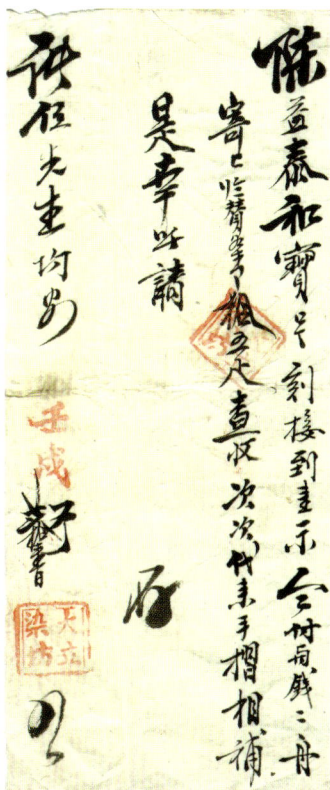

图九十六

世乐鸟白花其　　一疋 11 元 8 角

月鲤花其　　一疋 10 元 9 角

菜灰 84 竹　　一段 4 元 3 角 5 分

计大洋 27 元 5 角 5 分

右件至祈台收入册,花其竹布专主改奉,谅可合用耳,此

致

程益泰宝号照

壬戌年(1922年)二月二十日

海安立泰村记送条用定轧实补褶

该票中印有:"经理德士古红星、幸福煤油分销处"、"小洋照市"等内容。

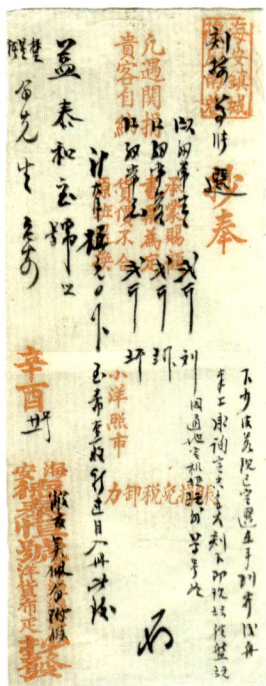

图九十七

⑤海安德泰恒号抄奉(见图九十七)

抄奉

地址:海安镇城隍庙南巷

刻接尊张选

176 五两常青 2斤9角2分

16 五两常蓝 2斤8角4分

16 五两常金 2斤7角6分

计大洋5元零4分,至希查收祈过目入册。此致

益泰和宝号照

楚

星翁先生台安

诸

辛酉年(1921)七月二十一日

海安德泰恒号京绳线带洋货布疋抄发

敝友吴佩翁附候

　　票中写有:"下少皮蓝现已定选在手,到齐后舟奉上。承询定尖色大刻下即现7角8分,往盘8元,因通地定机□7元。"

　　票中印有:"凡迁关捐,贵客自理"、"承蒙赐顾,书票为定,货价不合,原班退换"、"小洋照市"。

⑥海安(含曲塘、李堡)其他商号的商业单据与信函(见图九十八)

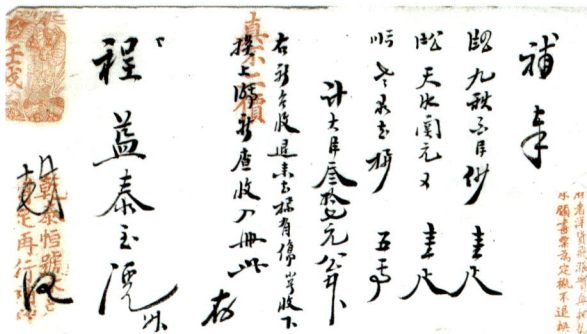

乾泰恒号　补奉　壬戌年(1922)五月十七日

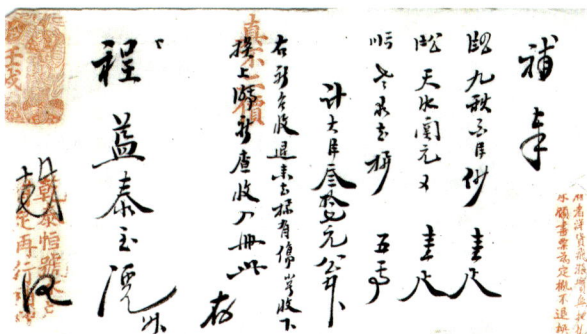

乾泰隆号　城隍庙东首　发上　壬戌年(1922)五月十四日

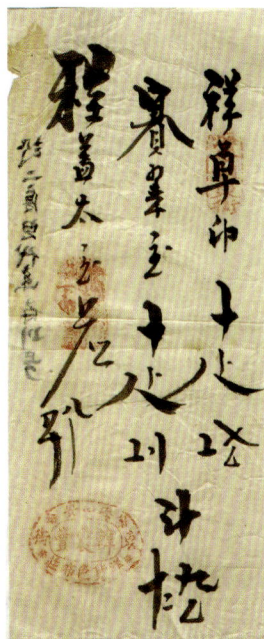

韩震丰 海安东街 票单

丁卯年(1927)八月初十

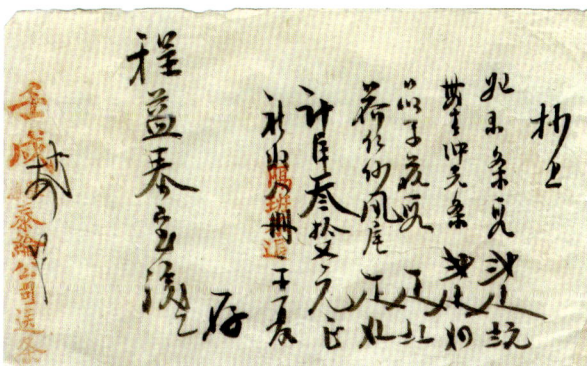

驻海泰纶公司抄上壬戌(1922)九月十五

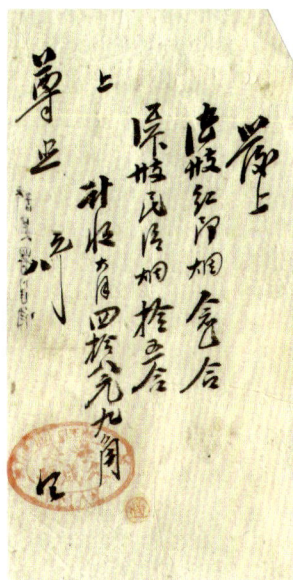

久成号 发上元月八日

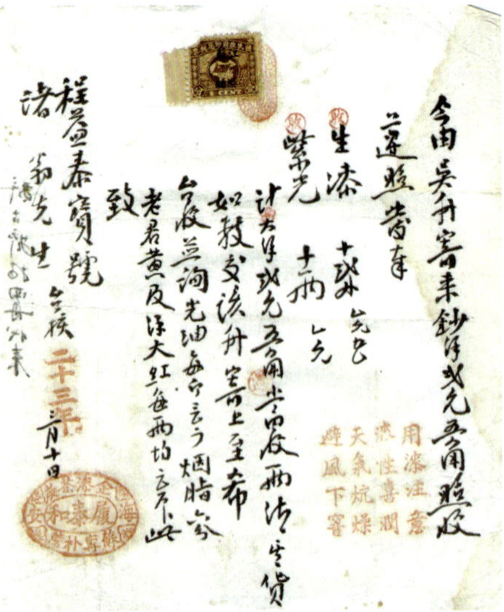

履泰和　发奉　　民国二十三年（1934）三月十日

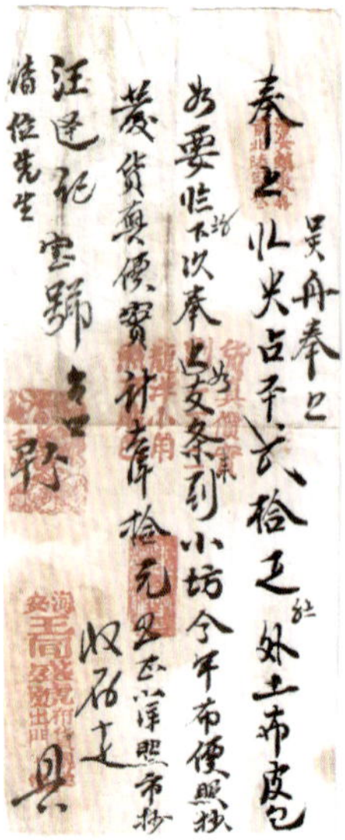

王同盛号　东寺前北陆家巷　送货单

壬戌年（1922）六月初十

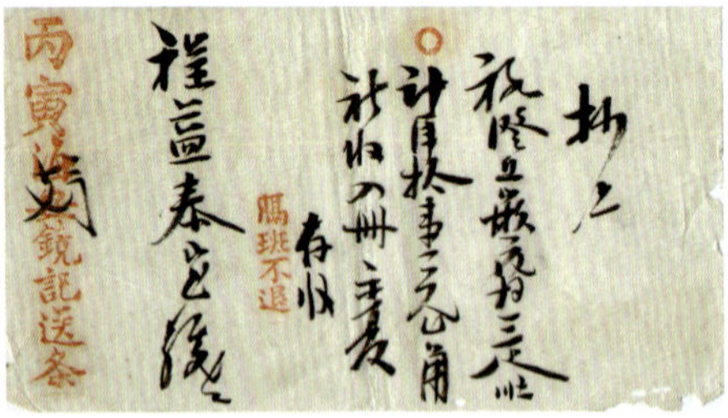

镜记　送条　丙寅年（1926）三月十七日

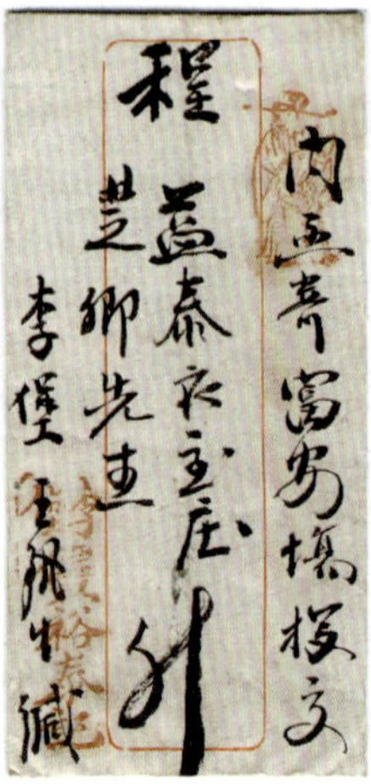

李堡双裕泰号　邮寄信函

民国九年（1920）十月初九

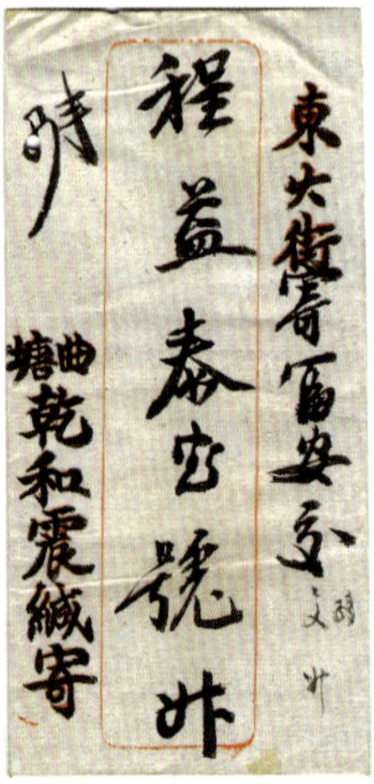

曲塘乾和震号

信函十二月初四

维新工业社　八月二十四日

图九十八

(11)从东台(含安丰、富安)进货的商业单据与信函

①东台宏震祥森记发奉(见图九十九)

地址:东台何垛市窦家楼西首

发奉

19元6角	中式卫生衫	1/4打
18元6角	西式卫生衫	1/4打
14元8角	600卫生裤	1条(1打为12条)
4角2分	日光电石	5打

计币洋12元8角8分3厘

(即:$19.6 \times 0.25 + 18.6 \times 0.25 + 14.8/12 + 0.42 \times 5 = 12$元8角8分3厘)

另贴印花税票2分

程益泰宝号台照

25年11月19日　　　　宏震祥森记发票

该发票印有:"账外往来,与店无涉,忙中错误,以簿为据,间有退货,须带原票"、"各货出门,途险不负"。

图九十九

发票两侧还印有经营广告:"本号专运中外洋广杂货,兼售煤油、火柴、皂烛、各牌香烟、粗细草帽、葵扇以及丝绒色线、化妆物品、各种套鞋、糖果,零茋抄发,如蒙赐顾,价格从廉"、"经售桂花露油"。

此货于第二天(11月20日),由富安至东台的帮船带交,船主姜成官,该船主经营至解放后的20世纪50年代初期。

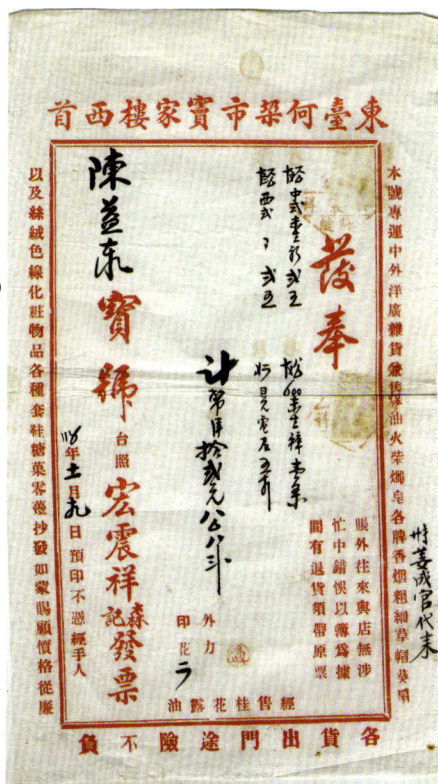

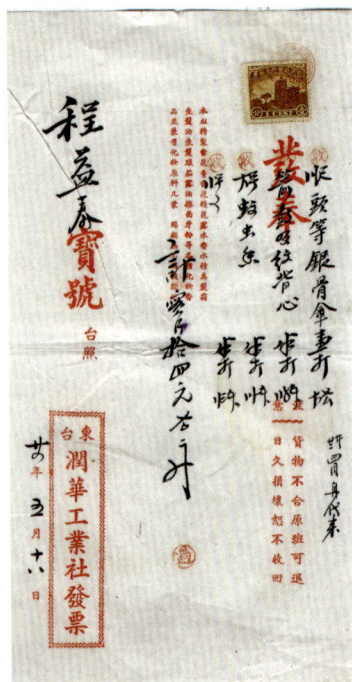

图一〇〇

②东台润华工业社发票(见图一〇〇)

发奉

3尺头等银骨伞1打10元7角

箭鼓罗纹背心半打2元5角5分

大号蚊虫香半打3元1角5分

2号蚊虫香半打2元3角5分

计实洋14元7角2分5厘

(即:10.7元+2.55×0.5+3.15×0.5+2.35×0.5=14.725元)

程益泰宝号台照　　　民国24年(1935)5月18日

贴印花税票1分

该发票印有:"注意,货物不合,原班可退,日久损坏,恕不收回"。

正还印有商家广告:"本社精制雪花膏、雪花精、花露水、香水、精美发霜、生发油、生发腊、茄露油、擦面牙粉等各种化粧香品,并兼售化粧原料。凡蒙赐顾,无不竭诚欢迎。"

该货于5月22日由东台至富安帮船带交,船主冒姓。

③东台豫丰泰发票

豫丰泰发票(一)(见图一〇一)

长27.8厘米　宽15.8厘米

商号地址:东台何垛市新埧大街

发奉两侧广告为"上海中国华成、天香姻草公司泰东兴盐阜、江北分公司总经理自运中外洋广杂货兼售煤油火柴烛皂化粧物品粗细草帽督造时新男女帽勒零趸批发"。

票中印有"账外往来与店无涉,忙中有错以簿为据,行情涨落书票为凭,凡迂关津尊客自理"。

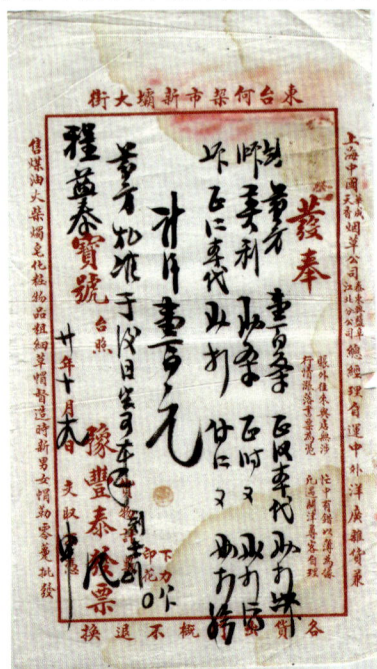

图一〇一

下部标明"各货出门，概不退换"。

豫丰泰发票印章两侧分别标明"货物计数，支取不凭"。

发奉内容：芬芳100条（单价8角9分），美利（应为美丽）2条（单价2元2角6分），正12本带2打（单价6角6分），正1寸4本带2打（单价7角6分），正2寸本带2打（单价1元2角），副1寸2本带2打（单价5角8分），下力8分。

计洋100元（即：$100 \times 0.89 + 2 \times 2.26 + 2 \times 0.66 + 2 \times 0.76 + 2 \times 1.2 + 2 \times 0.58 + 0.08 = 100$（元））

票中附言说明"芬芳烟准于后日寄奉，（现）刻未到（货）"

程益泰宝号台照　　　　日期为民国二十年（1931）十月十九日

豫丰泰发票（二）（见图一〇二）

发奉

10支美丽2条2.25元

50支美丽20听0.47元

下力1分，计13元9角1分

又来

0.73元飞英50条

0.88元芬芳50条

请先收册容到与木箱并奉

下力6分

共计洋80元5角6分

程益泰宝号台照

豫丰泰发票

民国二十年（1931）七月十九日

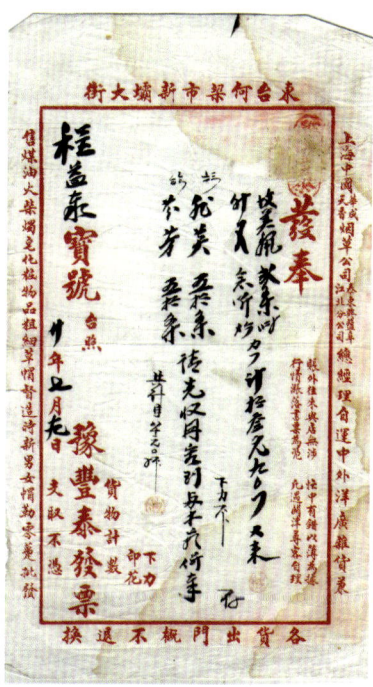

图一〇二

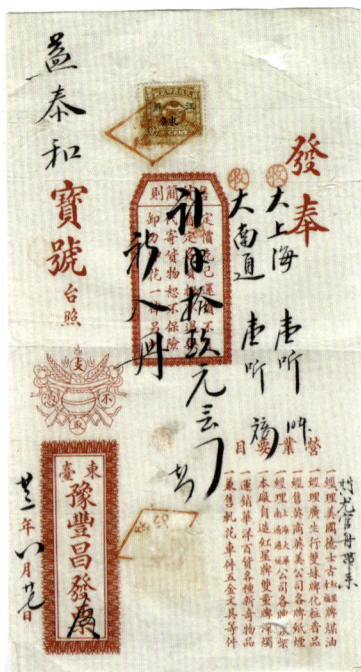

图一〇三

④东台豫丰昌发票(见图一〇三)

发奉

大上海(火柴)1听 10元零5分

大南通(火柴)1听 9元2角5分

印花 1分

计洋 19元3角1分

祈入册

益泰和宝号台照

东台豫丰昌发票民国二十三年(1934)八月二十七日

八月二十八日,尤官船带来

票中印有:"售货简则:定价克己,还价不售,看定各货,概不退换,代寄货物,恕不保险,卸力印花,一律另加"。

票中还印有营业要目:

——经理美国德士古红星、幸福牌煤油

——经理广生行双妹牌化妆香品

——经售英商英美公司各牌纸烟

——经理上海大华、南通通燧公司各牌火柴

——本厂制造红星牌双童牌洋烛

——运销华洋百货各种新奇物品

——兼售轧花车件五金文具等件

⑤东台振东号发票(见图一〇四)

发奉 160 固本皂 1箱 6元3角

收洋 6元3角　　两讫

台升宝号台照

东台振东号发票

民国二十五年(1936)四月二十八日

四月二十九日姜船带来。

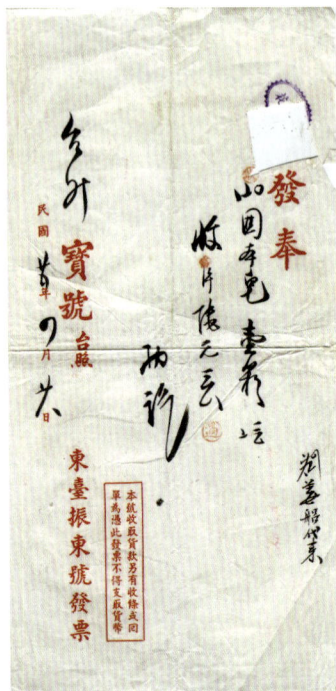

图一〇四

票中印有："本号收取货款，另有收条或回单为凭，此发票不得支取货币"。

⑥东台陈广昌发奉

陈广昌（一）（见图一〇五）

地址：东台宁树大街同安巷口

发奉

三钱拉毛男袜　半打　1.75元

三钱拉毛女袜　半打　1.55元（退）

七巧花翻口男袜　半打　5.8元

七巧花翻口女袜　半打　5.2元

长城开咪男袜　半打　5.4元（退）

月鼠开咪男袜　半打　6.6元（退）

507马牌电筒　1/4打　5.6元

700马牌电筒　1/4打　9.6元

赛银刮舌　1打　0.2元

牛角刮舌　1打　0.18元（退）

小人纱衫　半打　2.4元（退）

人丝滑秸帽　1打　1.3元

毛绳押帽　半打　2.2元

呢押帽　半打　1元（退）

中人纱衫　半打　2.8元（退）

大中女衫　1/4打　5.2元（退）

5□丝冷于巾　1/4打　5元（退）

6□丝冷于巾　1/4打　6.2元

十寸绒方巾　半打　0.64元

2P新花电木水并　1/4打　5.4元

2P新花电木提甩并　1/4打　5.6元

印花2分

计国币30元零2分（以上21项货物，计国币30元，又印花2分，共计国币30元零2

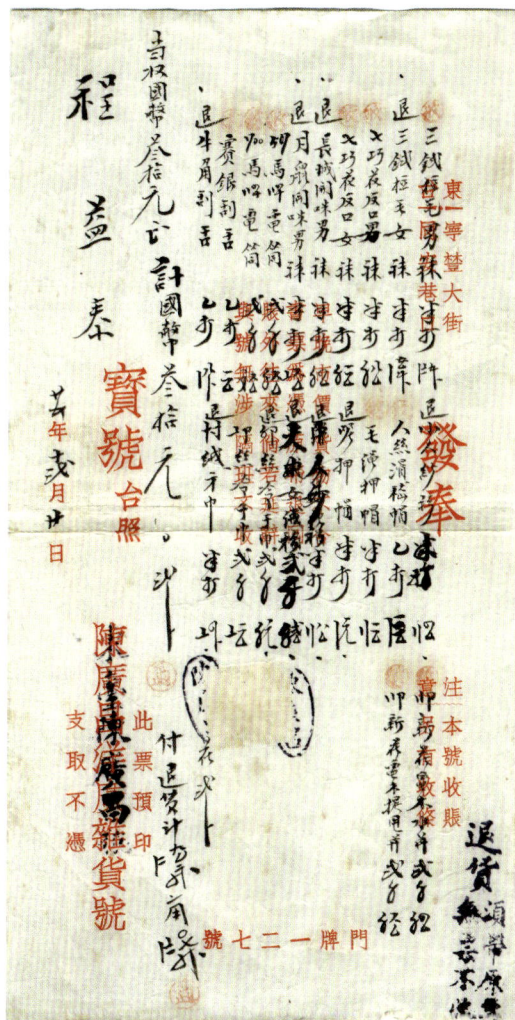

图一〇五

分。）

当收国币 30 元正

程益泰宝号台照

陈广昌洋广杂货号

民国二十五年(1936)十二月二十日

票中印有："早晚市价，书票为凭，账外往来，与号无涉，货价不合，原帮退回，倘若延辞，隔班不收"、"退票须带原票，无票不收"。

此票中退货 9 项，退货计 12.925 元，其余为 17.075 元。

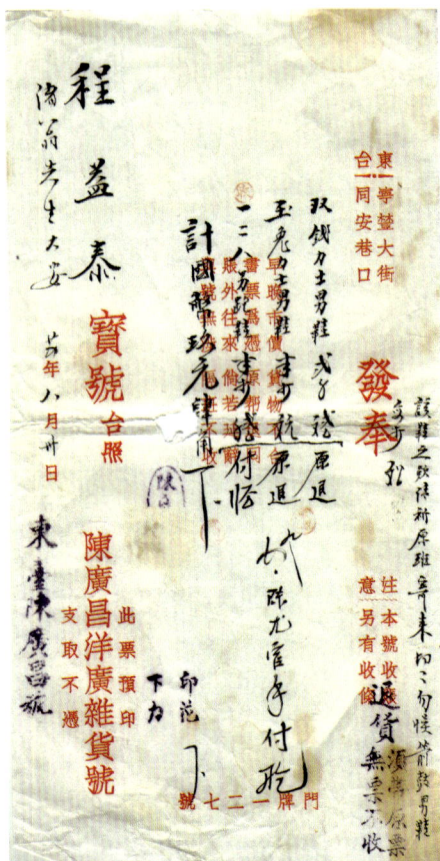

图一〇六

陈广昌洋广杂货号(二)(见图一〇六)

发奉

双钱力士男鞋 1/4 打 9.2 元(原退)

玉兔力士男鞋半打 9 元(原退)

128 男跑鞋半打 5.2 元(付 2.6 元)

印花 1 分

计国币 9 元 4 角 1 分

程益泰宝号台照

诸翁先生大安

陈广昌洋广杂货号

民国二十五年(1936)八月三十日

票中写有："该鞋之款，请祈原班寄来，切切勿误。箭鼓男鞋每打 9.8 元"。

票中还写有："9 月 5 日，陈尤官舟手付讫"(即付 2.6 元，其他两项原退)。

⑦东台裕丰号发单（见图一〇七）

地址：开设何垛街土地堂西首

发上

重布尖 10 只 1.05 元

重做行羽尖 10 只 1.35 元

重做行羽平 10 只 1.35 元

计扎洋 3 元 7 角 5 分

益泰宝号照

民国二十四年（1935）八月二十二日

裕丰字号帽勒抄庄

古历八月三十日冒舟带来。

票中印有："承蒙光顾，一律大洋，早晚市价，书票为凭，各货出门，隔班不退，途迂不测，与店无涉"。

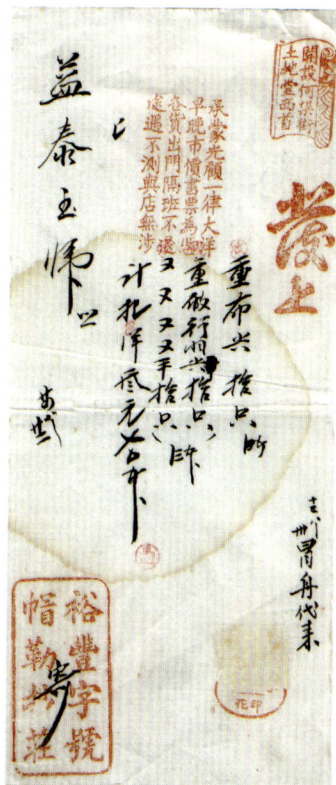

图一〇七

⑧东台亿美公司便条（分别见图一〇八和图一〇九）

（一）

彩衣街

6 两喜烛 1 箱 6.12 元

金光皂 1 箱 8 元

计洋 14 元 1 角 2 分

益泰宝号台照

民国二十年（1931）五月十九日

东台亿美公司便条

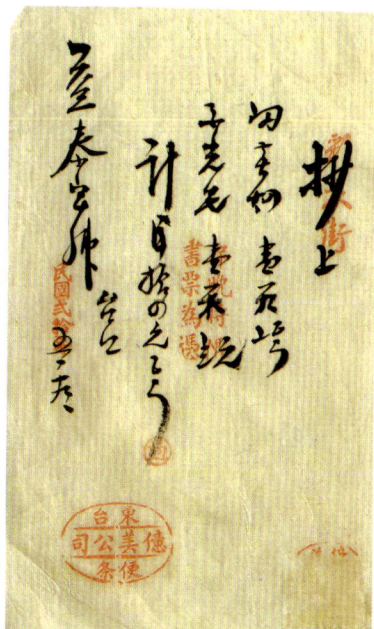

图一〇八

图一〇九

（二）

地址:彩衣街

发上

老美孚油 1 箱 98 （9.8 元）

上海火柴 2 包 2 合 92(0.2 元找零用)

计国币 10 元

益泰和宝号照

民国二十五年(1936)十一月二十二日　东台亿美号

十一月二十三日,吴海带来。

⑨东台孙福记发票

孙福记帽勒店发票(一)(见图一一〇)

地址:东台彩衣街中

发上

28 正西平绒理 10 只

185 正羽元 10 只

155□羽元 10 只

24□西元 10 只

155 上羽平 10 只

151 布平元 20 只

下力 2 分

计洋 12 元 4 角 7 分

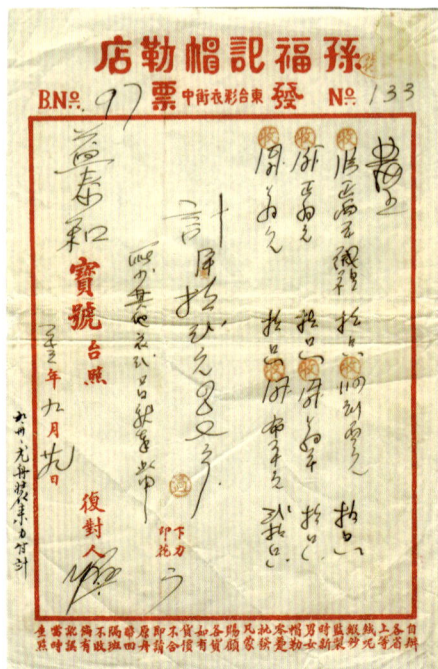

图一一〇

所少其他花式不日就奉此申

益泰和宝号台照

民国二十三年九月二十九日

九月三十日尤舟装来，力资付80。

该票下部印有："自办各省上等绒呢锻纱，监制时新男女帽勒，零跫批发，凡蒙赐顾，各货如有货价不合，即请原舟带回，隔班不收，倘有讹误，当时查点"。

孙福记发票（二）（见图一一一）

孙福记帽勒草帽批发部发票

地址：东台彩衣街孙家巷口

现选奉

0.82元头号清建绒力2条

0.55元特汗绒力2条

0.46元头号汗绒力5条

计收国币5元　　　乞

富安

程益泰宝号台照

民国二十五年（1936）十一月二十日经手人郭

十一月二十一日，杨七舟带来

票上印有："凡蒙赐顾，货价不合，原班带回，隔班不收，倘有讹误，当时查点，退货取款，另给收条"。

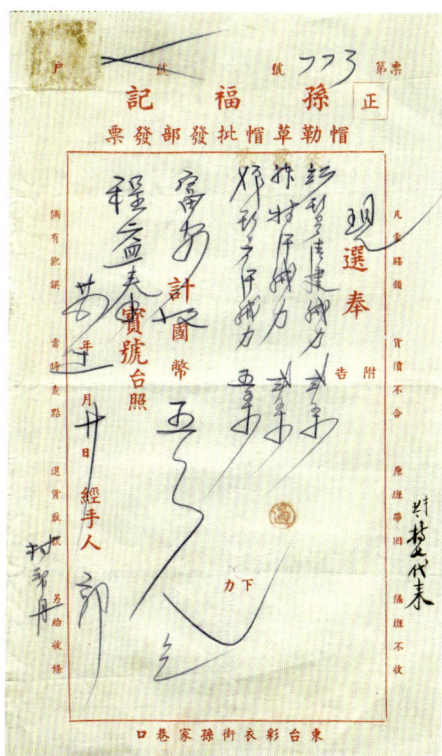

图一一一

⑩富安茶馆结账单

（一）大兴楼社账单（见图一一二）

第35座

壶茶　大2壶　1角6分；　姜丝　碟　1角；　瓜花　4碟　8分；

徽麺　8碗　9角6分。

计大洋 1 元 3 角

尊客先生台升　　　　加一未加　　叨现

11 月 19 日　　　　　　　　　大兴楼社

该账单上还印有:细茶(碗)、小菜(楪)、干丝(碟)、点心(笼)、脆鱼(碗)、小碗(个)、中碗(个)、荤碟(个)等项目,未发生营业额。

图一一二

(二)怡园茶社账单(见图一一三)

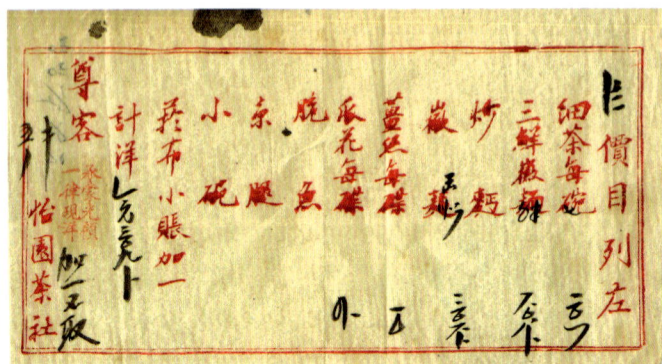

图一一三

价目列左　　第 18 席

细茶　7 碗　2 角 1 分;三鲜徽面　5 碗半　6 角 8 分;徽面 3 碗　计 3 角 6 分;姜丝　每碟　1 角;瓜花　每碟　4 分。

计洋 1 元 3 角 9 分

尊客　　　　承蒙光顾,一律现洋　　加一不取

11 月 5 日　　　　　怡园茶社

该账单上还印有：炒面、脆鱼、京腿、小碗、烟布、小账加一等项目，未发生金额。

（三）文园茶旅社账单（见图一一四）

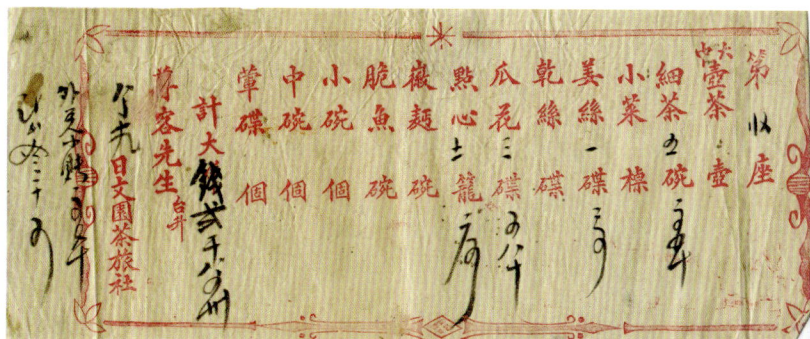

图一一四

第 24 座

细茶　5 碗　　250 文；　姜丝　1 碟　　300 文；　瓜花　3 碟　　180 文；

点心　7 笼　　2100 文。

计大钱 2830 文

尊客先生台升

八月十九日　　　　　文园茶旅社

外兑小账 270 文　　计钱 3100 文

该账单中还印有：大、中壶茶（壶）、小菜（楪）、干丝（碟）、徽面（碗）、脆鱼（碗）、小碗（个）、中碗（个）、荤碟（个）等项目，未发生金额。

　　注：这三家茶社规模都比较大，是"程益泰"当年招待客商的茶社。三张结账单均未标明年份，应为 1920 年左右。

　　（1）大兴楼茶社：地址在板桥东大街，坐南朝北，为四合厢两层回字楼房，距离"程益泰"仅 35 公尺。20 世纪 40 年代，曾改为开设茶食店，新中国成立初期，先后为富安税务所、富安派出所使用。

　　（2）怡园茶社：地址在板桥南首，米市街东侧，为程姓所开设，距离"程益泰"仅 30 公尺。20 世纪 40 年代改设为浴室，为梅姓所开设。

　　（3）文园茶旅社：在板桥西大街，坐北朝南，距离"程益泰"仅 15 公尺。20 世纪 40 年代改设为客栈（旅社），即永丰居客栈。

⑪东台(含安丰、富安)其他商号的商业单据(见图一一五)

(一)东台

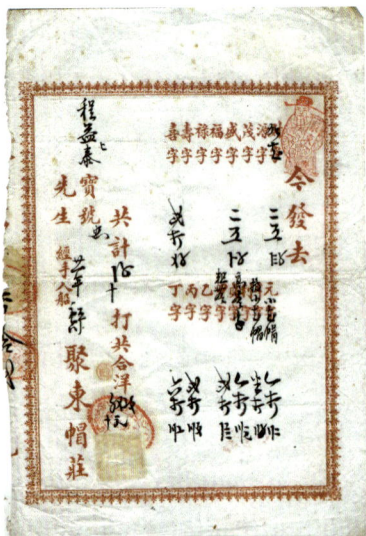

聚东帽庄　发货单　民国二十一年三月初六

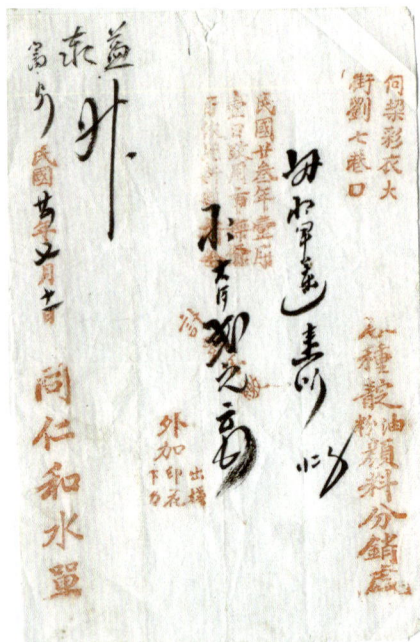

同仁和　水单　民国二十五年七月十一日

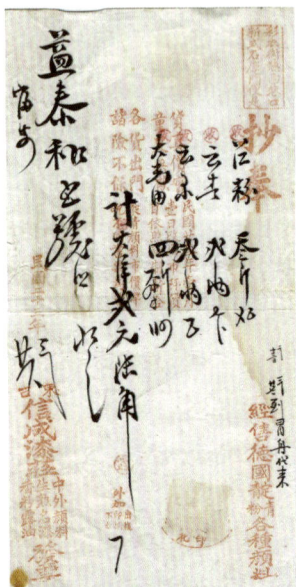

信成漆庄　听雨巷口　发票
民国二十三年三月二十六日

张洪昌　何垛寺街口　发上
民国二十五年四月二十九日

图一一五

（二）安丰（见图一一六）

德厚永　信函　十一月十四日

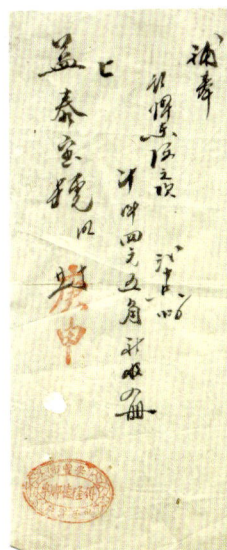

傅隆德　补奉

庚申年（1920）十月二十一日

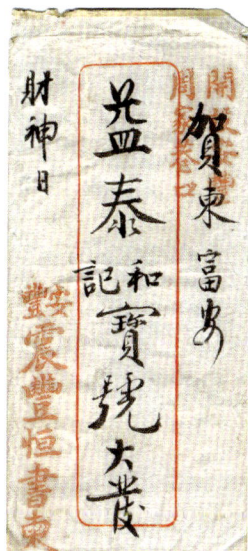

安丰震丰恒　信函

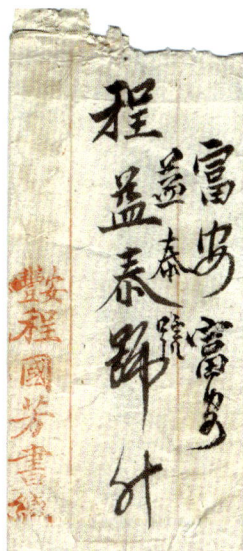

安丰程国芳　信函

图一一六

（三）富安（见图一一七）

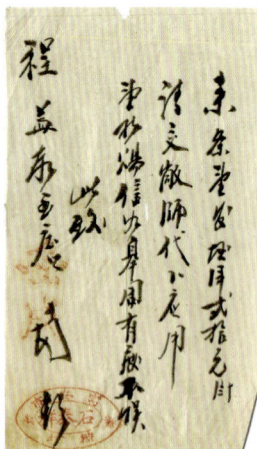

石泰祥　便函
壬戌年（1922）十一月十五日

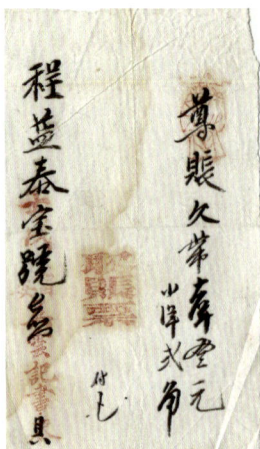

万云记取账票
壬戌年（1922）

朱震泰　发货单
民国二十二年七月四日

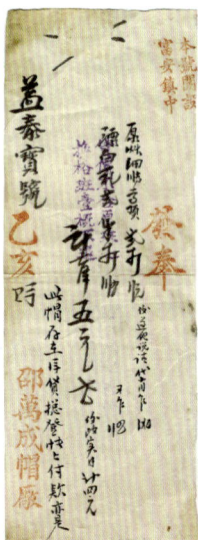

邵万成帽厂开设镇中发奉
乙亥年（1935）三月初一日

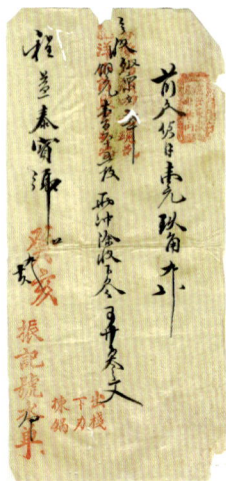

振记号东岳庙北巷内　水单
癸亥年（1923）九月十六日对账单

朱泳记　双巷西首坐南朝北
民国二十一年六月

图一一七

（12）从其他地方进货的商业单据与信函（见图一一八）

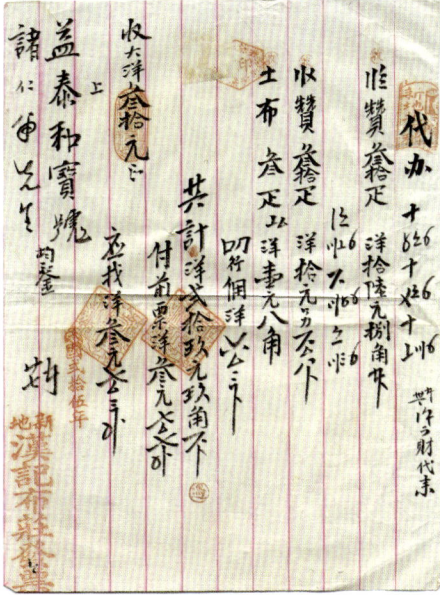

汉记布庄　代办　民国二十五年五月二十七日

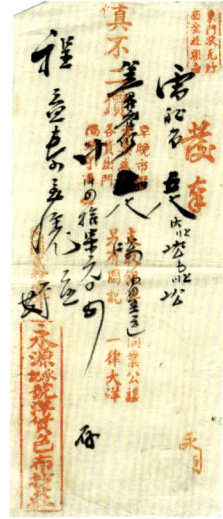

永源布庄　发奉
民国二十一年六月二十七日

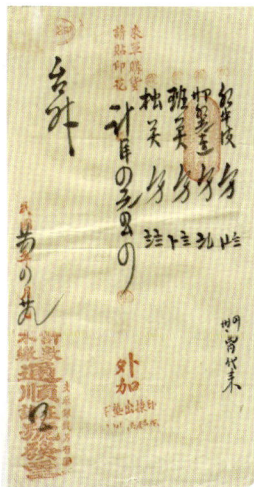

通顺正记号　民国二十四年四月二十九日

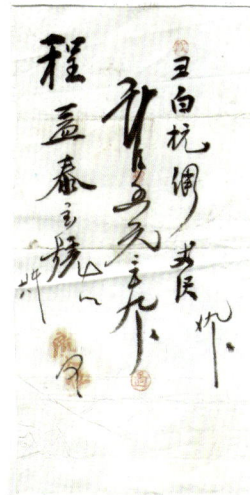

广大恒号　五月二十八日

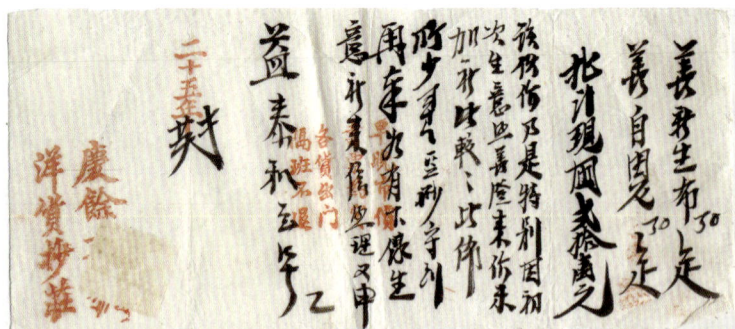

庆余号　民国二十五年(1936)十一月二十五日

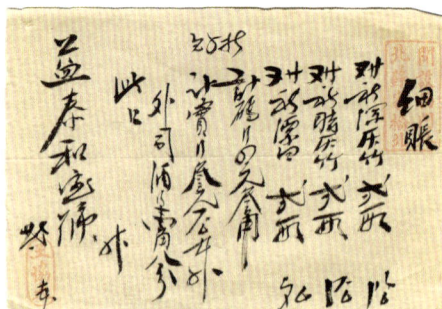

王协大　七月二十一日

梁永昌庚申年(1920)十一月十三日

图一一八

2

收款、对账的商业单据与信函

（1）上海裕源恒收款回单及信封（见图一一九）

地址：上海法大马路吉祥街西

兹收到益泰宝号名下货元211两零8分5厘。（在银两数字上盖有"裕源恒号回单印章"）

照清该册不误，此致

万丰宝行

崔先生台照

庚申年（1920）芙月十三日

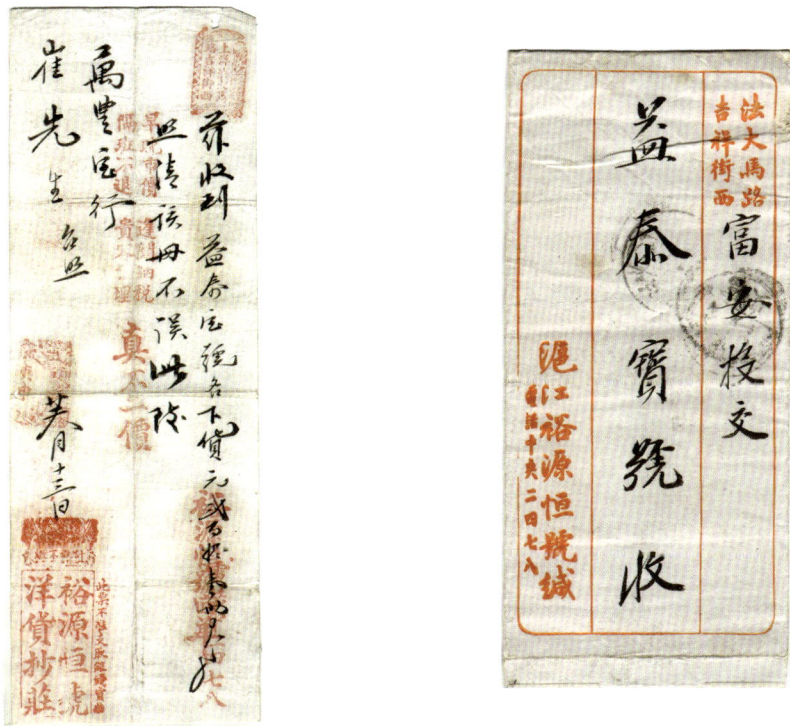

图一一九

125

裕源恒号洋货抄庄

此单上盖有："早晚市价,隔班不退"、"逢关纳税,贵客自理"以及"真不二价"的印章。还盖有："电话中央二四七八"。

(2)上海裕源恒收款明信片(见图一二〇)

明信片背面：

启者接大示诵悉

宝号之款嘱敝号向万丰鸡鸭行收取,敝号于十三日收到,十四票元式百十一两零八分五厘,当给收条,定已复于途矣,是收洋厘72137分5厘。专此布复,顺颂

益泰宝号

程楚翁大鉴

裕源恒谨启十月十五日

明信片背面书写的内容：

告之富安程益泰,裕源恒已经收到由万丰鸡鸭行转来的货元银两数目。

211两零8分5厘,与裕源恒收款回单数额一致。从上海裕源恒发往程益泰的邮件信封和明信片,只写"富安"、"益泰衣庄"或"益泰宝号"即可收到,未加写"江北"或"东台县"等内容,说明当年富安的知名度很高,也可能由于上海发往"益泰"的信函较多的缘故。

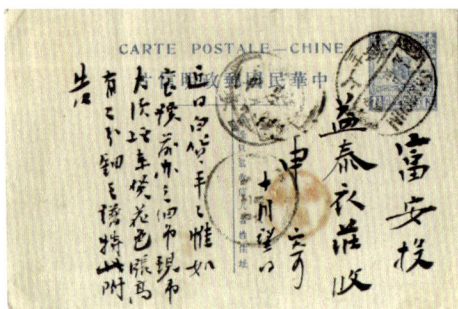

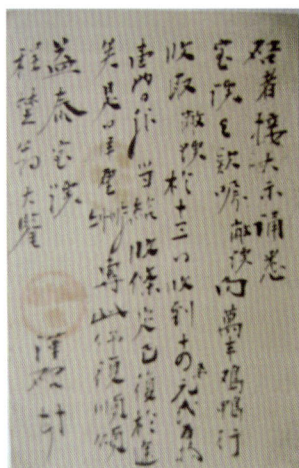

图一二〇

（3）如皋润源收款收条（见图一二一）

今收到

尊号货款大洋 89 元 6 角，照登台册此致

程益泰宝号台照

如皋润源棉布号收条（登账小凭）

民国廿三年（1934）十一月十四日经收人（印章）签

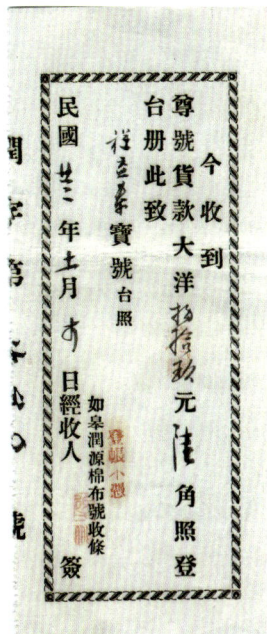

图一二一

（4）东台吉记取款回函（见图一二二）

地址：东台何垛场聚东门

顷奉示悉，委取隆发祥之款，刻遵代取，计大洋四十元小八角，统交帮船寄上，至祈台收销册，为荷。此复

益泰和宝号照

壬戌年（1922）十一月初八

吉记字号绸缎嫁粧（印章）

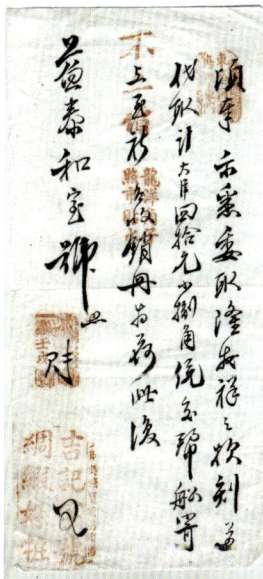

图一二二

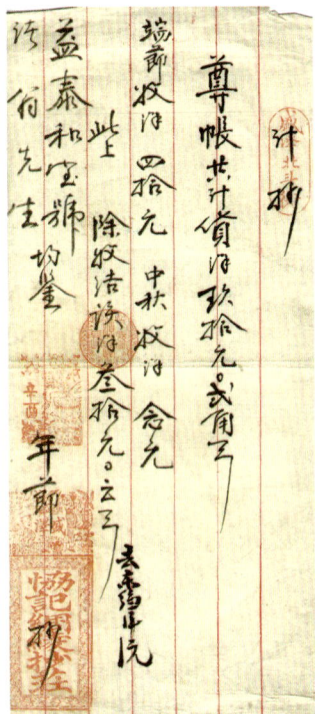

图一二三

（5）盛泽协记收款单（见图一二三）

计抄

地址：盛泽北斗街

尊账共计货洋 90 元 2 角 3 分

端节收洋 40 元

中秋收洋 20 元

此上

除收结该洋 30 元 2 角 3 分

益泰和宝号

诸翁先生均鉴

辛酉年（1921）年节

盛泽协记绸绫抄庄

（6）扬州广盛对账单（见图一二四）

地址：湾子街

尊账（按至月底派友趋前细账即对有讹当查）

5 月 30 日止结欠货币 38 元 7 角 7 分

益泰和宝号台核

民国二十五年（1936）五月三十日

扬州广盛协记号揭单

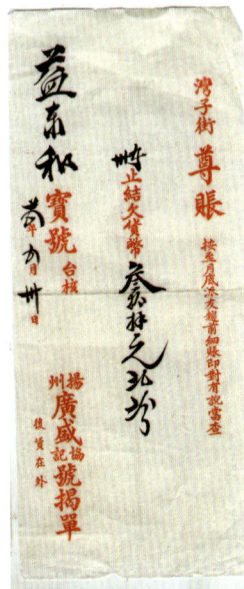

图一二四

（7）泰县贫民工艺厂取账票（见图一二五）

地址：东门大街

尊账揭欠大洋62元3角

益泰宝号台核

壬戌年（1922）四月二十四日

泰县贫民工艺厂取账票

票上注明："该款祈交妥寄下为荷"。

票中印有："清单即对，有讹速查"、"一律大洋"及"午节"。

图一二五

（8）南通恒记对账单（见图一二六）

地址：西城内大街武庙西坐北朝南

尊账结该大洋9元8角5分5厘

益泰和宝号台核

壬戌年（1922）四月

南通恒记布庄通知单开

该票中印有："承蒙赐顾，一律现盘，除零抹尾，一概不遵，私行借兑，与店无涉"。

该票中写有："当交原手付9元8角"，表明此账已经结清。

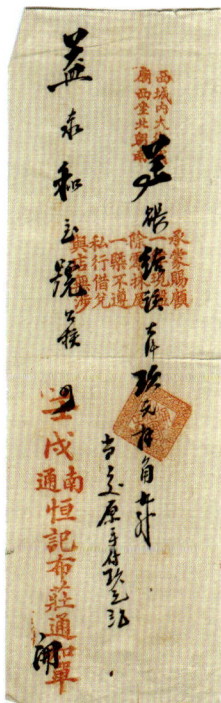

图一二六

3

寄售、代销、退货的商业单据与信函

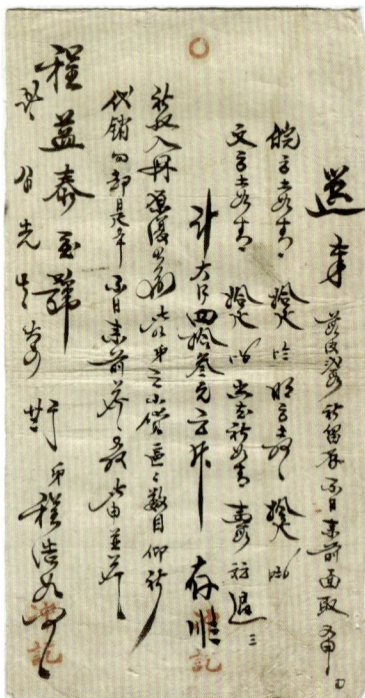

图一二七

在平常的票据中,也常有寄售、代销、退货等项内容发生。

(1)程浩如送奉代销函

程浩如送奉代销函(一)(见图一二七)

皖口土如青　10疋　1元1角8分

文口土如青　10疋　1元1角5分

明口土口　10疋　1元零7分5厘

尖花祈如青　1段　9元2角

计大洋43元2角5分

(即11元8角+11元5角+10元7角5分+9元2角=43元2角5分)

祈收入册 原复乃荷 此乃弟之小货 区区数目仰祈代销 勿却是本 不日来前敬教 此申并荷

程益泰宝号

诸翁先生大安

二月廿二日 弟程浩如具

又申:蓝皮两段祈留存不日来前面取

(蓝皮两段,亦为布料,为包装上述布疋所用)

程浩如,富安人,曾在如皋多家布庄任职

程浩如送奉代销函(二)(见图一二八)

地址:通讯处如皋北门何丽记

32 福尖站加青 10 疋 1 元 2 角 7 分

32 干尖站加青 20 疋 1 元 2 角 5 分

计大洋 37 元 7 角。祈收入册,原复乃荷,所奉之货仰乞代销,不日来前候教。

此致

程益泰宝号大教 六月廿二日 程浩如具 盖有如皋志成水单印章

并附说明"外借上土蓝皮 2 段,希留存,乃托"。

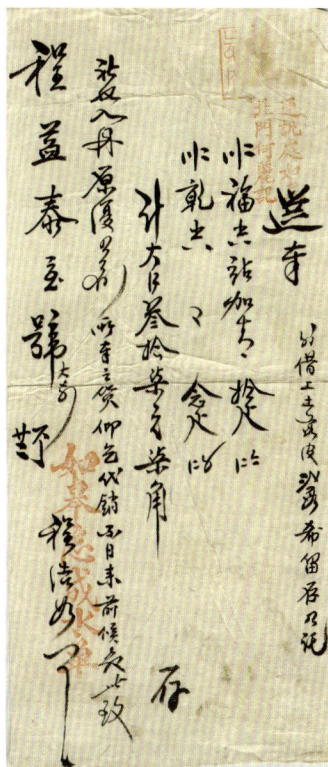

图一二八

(2)陈镜潭代销信(见图一二九)

兹交舟寄上黎明哔叽 2 疋,8 元 6 角。呈祈查收,原复乃荷。此件乃弟之己货,该款等弟前来面取,可也。附告:目下上海贡呢、哔叽陡涨五六角,以及其货洋货羽绸等,均涨一二元不等,倘有存货注夺。今奉之价乃是克己开呈祈详阅,此请

程益泰宝号

式兄先生大安

12 月 16 日 弟陈镜潭顿首盖天和号便章(12 月 19 日吴四带来)

该信的意思为:交舟船寄来布 2 疋,每疋 8 元 6 角。清查收,这是我私人之货,货款由本人前来面取。另外告诉一些货品价格上涨的幅度。

陈镜潭为如皋"吴天和布号"的职员,吴四为船主。

式兄为富安"程益泰布号"主人程式和

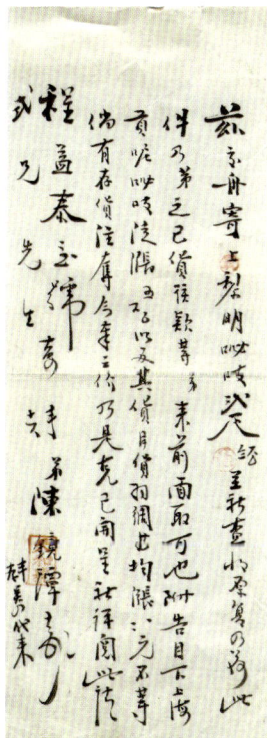

图一二九

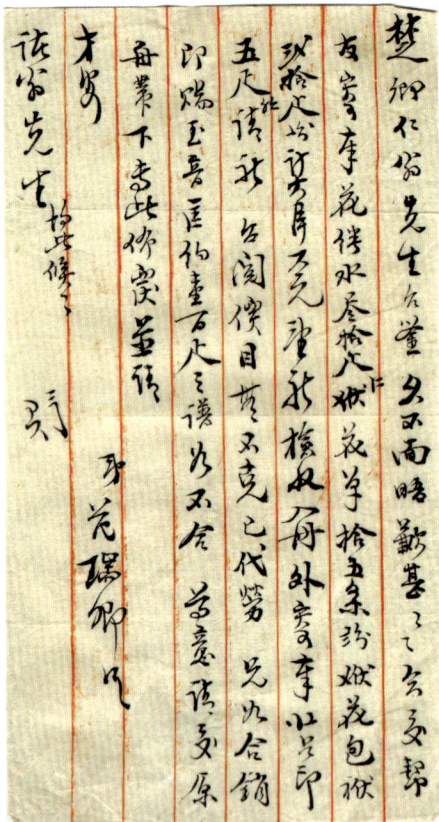

图一三〇

（3）范瑞卿寄售货物信函（见图一三〇）

楚卿仁翁先生台鉴：久不面晤，歉甚歉甚。今交帮友寄奉花缕水 30 疋（12）、4 伏花单 15 条（8分）、4 伏花包袱 20 疋（6分），计大洋 6 元，望祈检收入册。外寄奉 26 占印 5 疋（57），请祈台阅，价目无不克己代劳，兄如合销，即赐玉音，匡约 100 疋之谱，如不合尊意，请交原舟带下，专此布覆。并请

才安

诸翁先生均此候候 弟范瑞卿 三月初六

（即：0.12 元×30＋0.08 元×15＋0.06 元×20＝6 元）

［此信为外地商家范瑞卿（南通）写给"程益泰"店主程楚卿的信函。］

（4）如皋吴和泰代售函（见图一三一）

益泰和宝号升启，兹者弟有敝友织毛巾，托弟代售，今陈七寿来如（皋）之便，寄上毛巾两打。9角 4 分大号毛巾一打；8角 4 分二号毛巾一打。

计实大洋 1 元 7 角 8 分。祈收入册

诸君先生照

庚申年（1920）十一月二十日

如皋吴和泰号

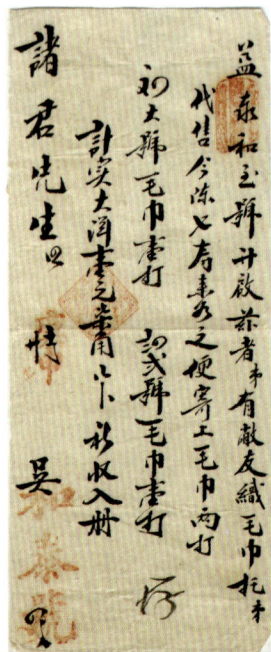

图一三一

(5)潘祥甫代销函(见图一三二)

益泰宝号升启,兹此蒙爱不套,前日在尊处,面托贵友杨星爹,代销尖24活放蓝20疋,今交帮舟寄上尖24活放蓝20疋(7角6分),计大洋15元2角。该件祈望查收,请入弟已册为托。代上之布乃系弟店中诸同胞小货,务望仰祈代销,切勿退下,乃祷否,则不日到尊号谢感耳。

特此并请

大安

程楚爹

杨星爹

诸翁先生均候

潘祥甫顿首　十二月十七日

注:杨星爹,名杨星府,为程益泰的账房先生。

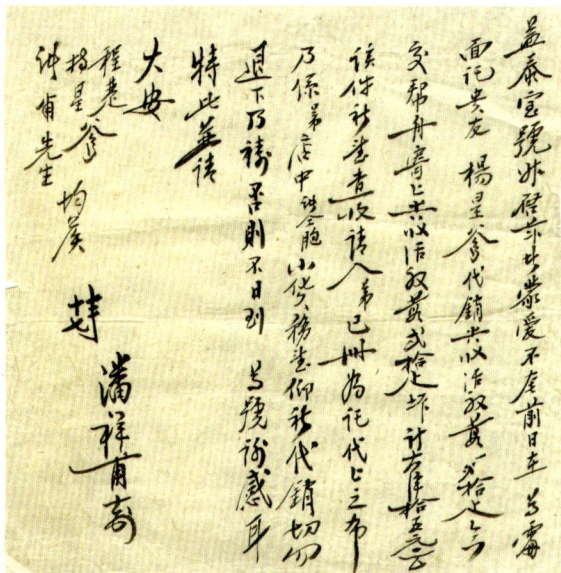

图一三二

(6)给豫丰昌的退货单

给豫丰昌的退货单(一)(见图一三三)

今交冒舟退上

10支风车烟　1合　1元3角5分

红格毛巾　1打　1元9角5分

计货1件原洋祈入册此致

尊号寄来牛、鸡芯计2包,与泰州价每只计讼洋5角,该讼之详尊能收去价敝即留销否? 便班即退,此申,即赐回示,切切! 连货退价共计3元8角

(即:1.35元+1.95元+0.5元=3元8角)

豫丰昌宝号

诸翁先生台照

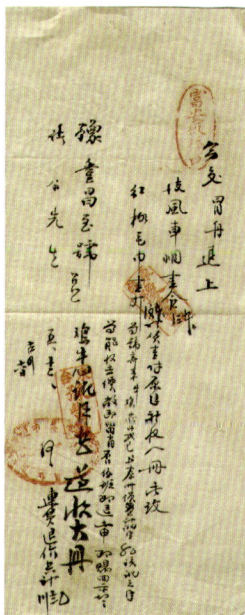

图一三三

五月十二日古历四月十八日

（应为1933年，即民国22年）

此退货单右上角盖有"富安板桥口"印章，左下角盖有"富安市益泰和记京货布疋"印章。

豫丰昌在收到退单及退货后，在10支风车烟1.35元、红格毛巾1.95元两项退货数量和金额上，加盖"东台豫奉丰泰"的店章，表示承认退货和收到退货。另外还写道："鸡牛芯讹洋5角，遵收大册"，表明承认差错5角并加盖了店章，然后再将此退货单仍趁冒舟带交"程益泰"。

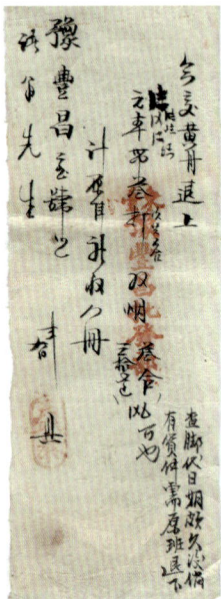

图一三四

给豫丰昌的退货单（二）（见图一三四）

今交黄舟退上

元本带3打（次货不合）

双烟3合、37包14元1角

计原洋祈收入册

豫丰昌宝号照

诸翁先生　　十二月九日　益泰（章）具

在退货数额上盖有："东台豫丰昌批发部"印章，表示已接收此退货。

但在下方注明："查脚代日期颇久，后倘有货件，需原班退下，可也。"

(7)给元亨利的退货函（见图一三五）

元亨利宝号台启：今接帮舟寄来放布1件并信1封，但小号于上月早经亦已补足，前日初筱翁在敝又添数件，该布仍交原舟奉上，望祈查收入册为盼。此复

元亨利宝号台升

诸位先生　　均此不另

冬月初一日

左下部盖有商号印章"富安市益泰和记京货布疋"。

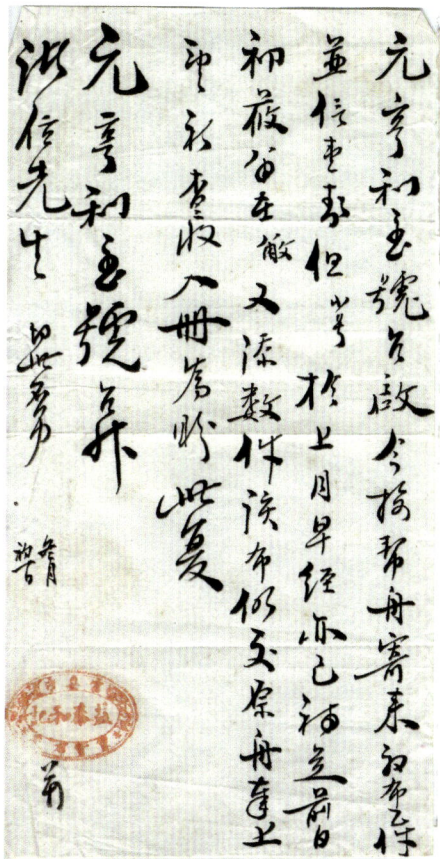

图一三五

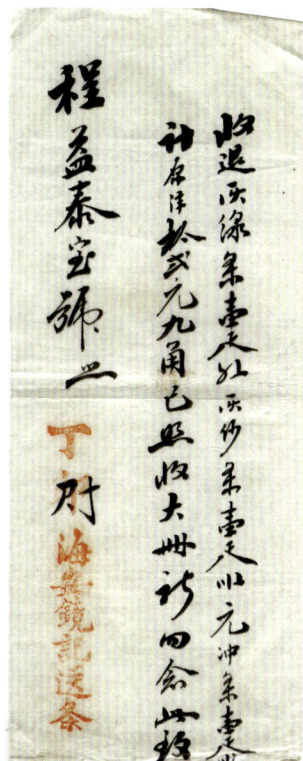

图一三六

（8）海安镜记退货回单（见图一三六）

收退灰线条1疋5元6角

灰纱条1疋3元6角

元冲条1疋3元7角

计原洋12元9角，已照收大册，祈勿念。此致

程益泰宝号照

丁卯年（1927）十月初八　　海安镜记送条

(9)如皋陈延记退货换货函(见图一三七)

抄奉

地址:儒学武定桥南首马塘河

收来加工线 3 两 6 钱,今以原重换上 3 两 6 钱,祈收入册。

此致

程益泰宝号台照

庚申年(1920)十月二十九日

如皋陈延记书柬(印章)

该票盖有:"承蒙赐顾,一律货讫、除零抹尾,概不遵命"。

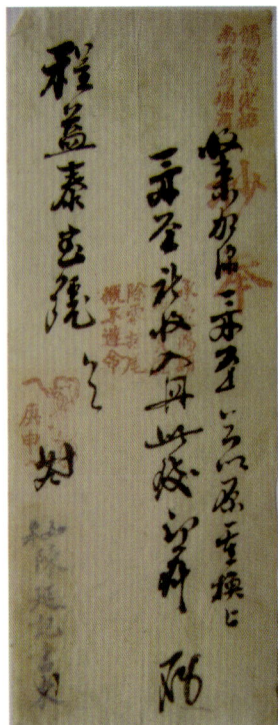

图一三七

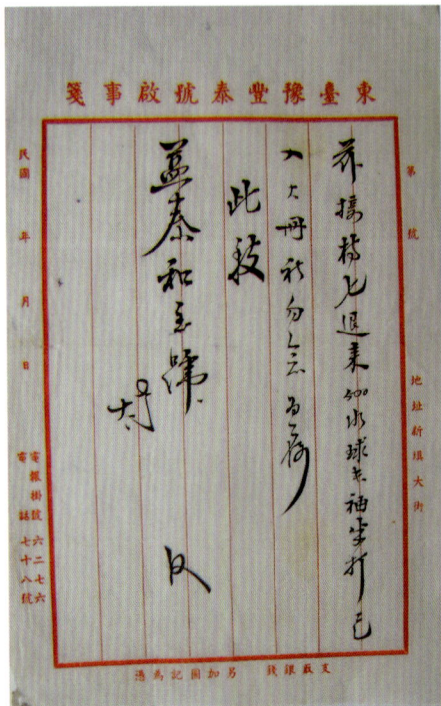

图一三八

(10)东台豫丰泰接受退货回复函(见图一三八)

兹接杨七退来:500 水球长袖衫 半打,已入大册,祈勿念为荷

此致

益泰和宝号　　七月十八日

第二章

商 品 价 目 表

1

潘合兴和记价目表

长 50 厘米，高 17 厘米

民国九年六月朔日

共印有 83 个品种项目，在品种名称下部标明价格。

在价目表后部，印有：“定价划一，概无回扣，按市降升，一律宝银”。

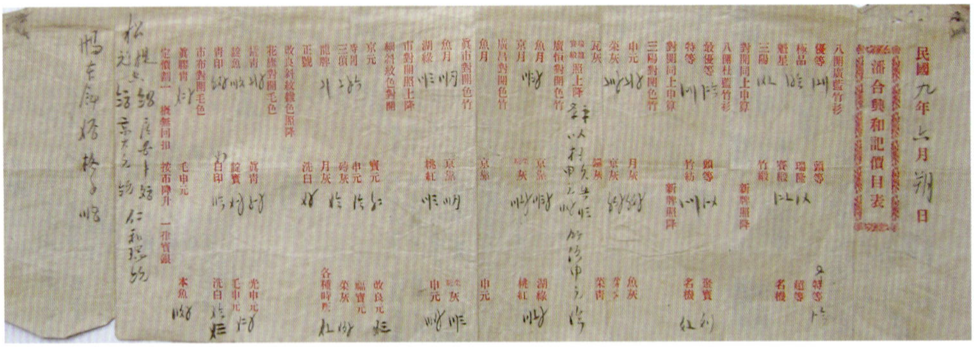

民國九年六月朔日

潘合興和記價目表

定價劃一 概無回扣 按市降升 一律寶銀

图一

2

富安染业公议价目表

启者，近来敝业提倡染法秘制，研究颜色真撬，均归一律大洋折实现盘，布列于右：表中标明 4 大类 22 个品种的加工项目和具体价格。

民国九年七月望日起

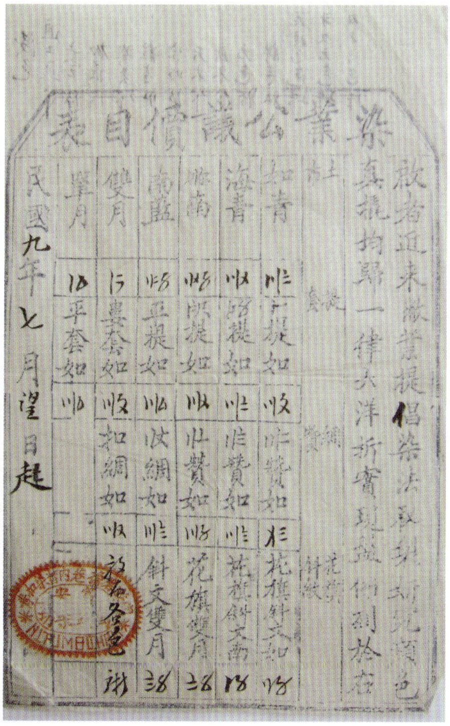

染業公議價目表

敝號近來敝業提倡染法秘製研究顏色真擬均歸一律大洋折實現盤佈列於右

民國九年七月望日起

图二

第四章

程益泰商号的账册

1

民国六年(1917)的账册

号源　民国丁巳年立　益泰庄　东二册　丁巳年为民国六年即1917年

此账册为民国丁巳年(1917)益泰庄的东二册,账面贴有1分面值的中华民国印花税票。账册内,货品编号从8901号至9492号,计592件货品(包括已销售的),货品总价值银617两5钱7厘。

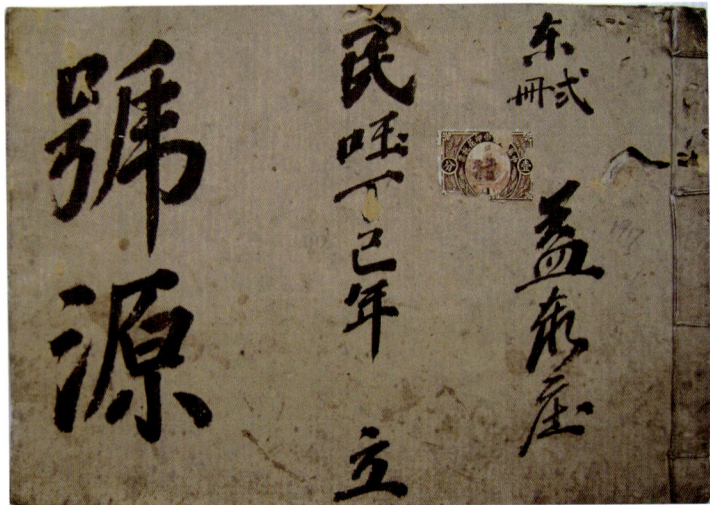

图一

2

民国七年(1918)的账册

号源　戊午年吉立　益泰庄　东元册　戊午年为民国七年即 1918 年

此账册为民国戊午年即 1918 年益泰庄的东元册,账面贴销面值 2 分的中华民国印花税票一枚。

账册内,货品编号从 7001 号至 9692 号,计 2692 件货品(包括已销售的),货品总价值计银 4896 两。

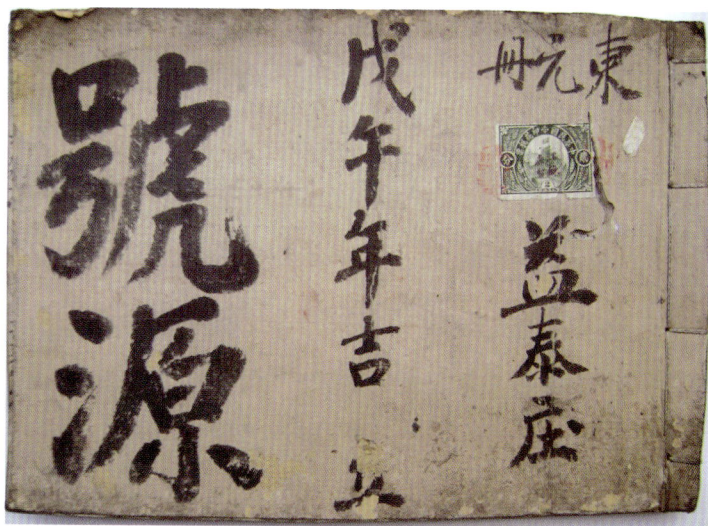

图二

3

民国九年(1920)的账册

号源　庚申年吉立　益泰庄　庚申年为民国九年即 1920 年

账册封面贴销面值 2 分的中华民国印花税票一枚。

登记了编号从 2001 号至 4346 号,计 2346 件货品(包括已销售的),货品总价值计银 4108 两。

号源　庚申年立　西益泰　庚申年为民国九年即 1920 年

程益泰衣布庄的街南店面,与街北店面相对而略偏西(即斜对门),故为西益泰,西益泰以衣业为主,包括制作加工以及外采成品的销售。

该号源账册中,登记了从 7001 号至 10000 号的 3 000 件货品(包括已销售的),货品总价值计银 5600 多两。除了普通衣类外,还有一些较为高档的衣类,如:羊皮底筒数量较多,每件价 54 两至 62 两;羊皮外筒数量较多,每件价 30 两至 36 两;猪皮外筒每件价 15 两;豹皮虎玉每件价 12 两;灰缎鼠皮每件价 9 两 3 钱;狐皮衣每件价 7 两 8 钱;山羊皮玉每件价 4 两 3 钱;猫皮底筒每件价 3 两 4 钱等。这些高档衣类有的是从上海的皮货行、苏州、常州、镇江、扬州、泰州等地的衣庄进货,或者采购原料为客户专门加工垫制。

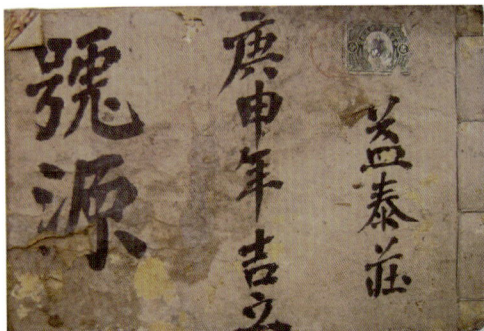

图三

4

民国十年(1921)的账册

盘金如意　益泰和记　民国十年正月财神日

该册为民国十年(1921)布疋类盘存共 322 个品种,计 1090 疋(段),总计金额大洋 2247 元。

图四

5

民国十九年（1930）的账册

洋广货源

民国拾九年国历二月立

益泰和记

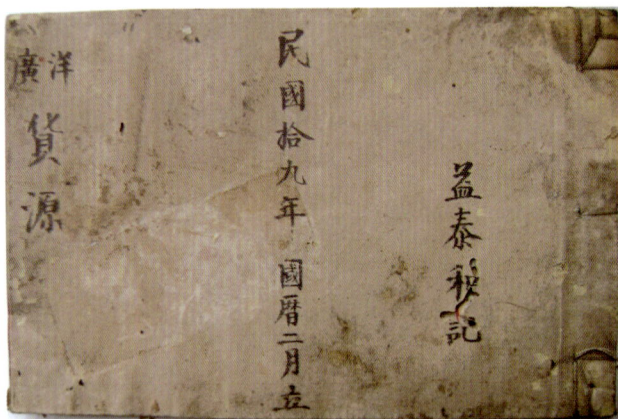

图五

6

民国二十一年(1932)的账册

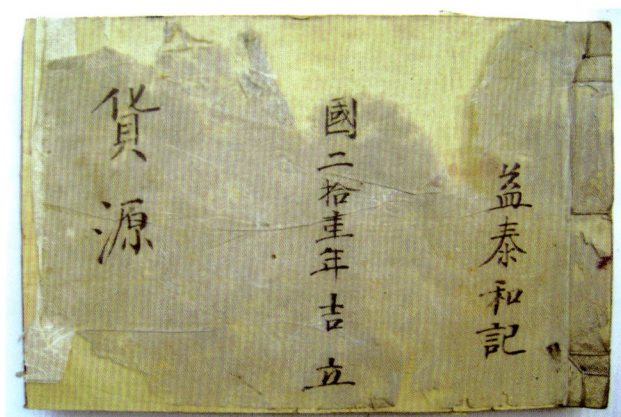

图六

货源　民国二十一年吉立

目　次

以上为洋广百货类。

以上为布业类。

注 1：为洋广百货类商品,送货至程益泰店铺,门市收购的货品。

注 2：为布定类商品,送货至程益泰店铺,门市收购的货品。

7

民国二十五年（1936）的账册

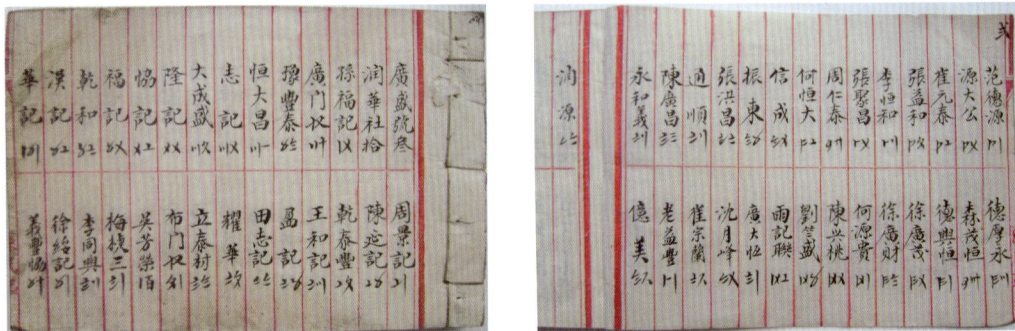

图七

程益泰民国二十五年货源账（见图七）

目　次

目次中标明与南通、扬州、如皋、海安、泰县、东台等地 57 家商号的往来账目。

该账册由程益泰主人程式和记载，字体工整，从无涂改之处，一目了然。从账册中可以了解到当时众多的商品种类、规格名称及价格。

账册还记载了货物遗失、染坊质量等事项的处理；记载了将棉纱加工兑换布疋的记录；记载了与诸多染坊的加工数量与结算；从染坊送货到店的运费计算等。

最后还记载了"公安捐"、"本店营业税"等内容。

货物遗失处理民国 25 年账册内容

程益泰的货物运输，绝大多数均靠舟船，船主穿梭于两地店主之间，对双方店主也较熟悉。无论进货、退货以及信件传递等，都由船主负责完成，正常情况下，不会发生讹错。若真有讹错，则按商规民约的"规定"处理，也有的由双方协商解决。如民国 25 年 12 月 26 日的回力套鞋因质量不合格而退货，而套鞋遗失后由双方协商解决。在民国 25 年的账册中第 11 页内润华工业社的账户的记载（见图八）：

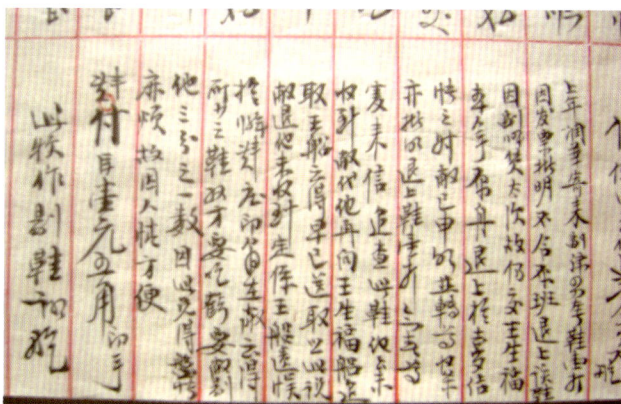

图八

上年润华寄来副号回力套鞋一打，因发票批明不合，原班退上该鞋。因副牌货太次，故仍交王生福本人手原舟退上，于去岁结账之时，敝已申明并转尊收条，亦批明退上鞋一打。今春尊处来信追查此鞋，他云未收到，敝代他再向王生福船追取，王船云得早已送取，照此说，敝退他未收到，定系王船遗误于民国 25 年 12 月 26 日。庄印翁在敝云得，所少之鞋双方要吃亏，要敝贴他三分之一数，因此免得盘账麻烦，故因人情方便，12 月 26日，付洋一元伍角，印手。此款作贴鞋口　讫

第 76 页为崔宗兰弹花工账户：

每市斤弹花加工费钱 80 文

民国 25 年下半年弹棉花加工 186 斤，

计付钱 14 千 880 文　（即：186 斤×80 文＝14.880 千文）

第 109 页为张益和染坊质量问题处理记载（见图九）：

根据民国 25 年账册第 109 页张益和染坊账户中记载

春缸计染 263 疋又 2 段，计染码盘洋 69 元 8 角 7 分。

春缸所染之布等，该布卖于乡户，乡人穿后洗出一次，颜色即系油录色，该布此假色不系一户所说，此言有数十门户云，均系此种油录色，敝对于所售之人无言可达。因此色之事，即对染坊张说明，所代敝之布，色系假色，故洗后方现油录色，但色真假，你明其心。

该戈之染款如数照给,此说之话,乃店之规矩,后迟数月,他请肖俊三、季子翁二人同到敝处,云得,张所代之布色自认为假色,说前染之尾款,因找二人人情戈他数元,敝云不可。后仍将二人来号说张自愿假色,因说此话,因二尊人情,于古历 12 月 20 日,付洋 4 元 7 角,肖俊山、季子翁二尊手。言明连所付染款例扣并染假色,故言明结算。讫。

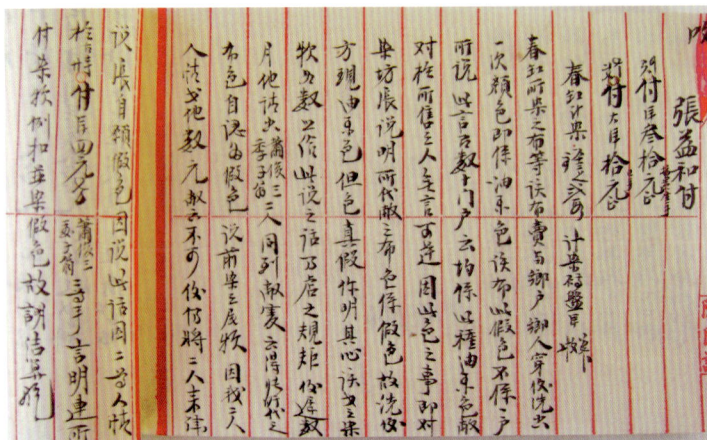

图九

第 172 页为公安捐记载(见图十):

图十

第 173 页为本店营业税(见图十一):

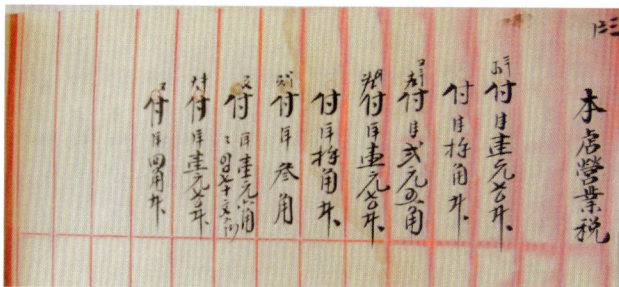

图十一

3 月 14 日,付洋 1 元 7 角 5 分

　　　　　付洋 8 角 5 分

3 月 19 日,付洋 2 元 5 角

4 月 29 日,付洋 1 元 7 角 5 分

　　　　　付洋 8 角 5 分

8 月初六,付洋 3 角

8 月初七,付洋 1 元 6 角

　　　　　付钱 470 文(折洋 1 角 5 分)

11 月 18 日,付洋 1 元 7 角 5 分

　　　　　付洋 4 角 5 分

第 100 页为"吴芳荣"账户(见图十二):

程益泰从南通大生纱厂、志记布庄等商家购进了各种纱支的棉纱,其中有一部分用于委托织布厂加工成市场畅销的布正(包括织布后的染坊加工)。

从吴芳荣账户内记载:

定织绸水 110 正,言明对换 14 支洋纱 10 包

3.27　收绸水 20 正

3.11　收绸水 33 正

3.21　收绸水 30 正

4.3　　收绸水 26 正

　　　收绸水 1 块(窄算 1 正)

图十二

计收 110 疋（内有 1 疋少窄欠洋 7 分半）

前付 14 支纱 8 包、洋 5 元（克销 14 支纱 1 包）

余剩 14 支纱 1 包（照夏季纱价计 5 元 2 角）

收付之账，面结算讫。

3.10　付 14 支三星纱 3 包（已手）

又　　付 14 支三星纱 2 包

3.27　付 15 支洋纱 2 包

3.21　付 15 支洋纱 1 包

又　　付大洋 0.5 元

4.2　付大洋 5 元（克 14 支纱 1 包）

12.17　付大洋 0.2 元

由布总登 126 页移拨来，付货布洋 1.915 元

由洋货总登 107 页移拨来，付洋货洋 0.81 元

12.26　付洋 1 元、钱 2100 文（克洋 7 角）

又　　　付绸水 1 疋少窄计洋 7 分半

共付 8 包、10 元 2 角（克 14 支纱 2 包），言明结讫。

民国 25 年程益泰与染坊的往来账：

1.105 页王协大染 6 段，付洋 3 元 5 角。

2.107 页崔元泰春缸染 120 疋，秋缸染 645 疋，共 765 疋。计洋 166 元 2 角 3 分。

3.109 页张益和春缸 263 疋、2 段，计洋 69 元 8 角 7 分（染色不好）。

4.111 页老益丰（如皋）计染 2 段、布料 16 件、衣 2 件。码洋 4.94 元，9 扣实洋 4.446 元。

5.112 页李恒和秋缸计染 120 疋，计洋 25 元 8 角。

6.114 页张聚昌计染 367 疋、25 段，计洋 41 元 4 角 6 分。

7.120 页周仁春计染 226 疋、23 段，计洋 28 元 1 角 6 分、钱 10 千 210 文。

8.126 页何恒大计染 346 疋、4 段、12 码，计洋 35 元 7 角 1 分。

以上计染 2087 疋、62 段、布料 16 件、衣服 2 件。

计洋 375 元 1 角 7 分 6 厘、钱 10 千 210 文。

第 145 页"刘竺盛"账户中的送货运费（见图十三）：

记载了从崔元泰染坊，将染成的布疋用独轮木车送至程益泰店中的运费。

由崔元泰染深色布，出缸推来，每疋车工 5 厘，花其每段算 5 疋、大布算 3 疋。

此批

春推来染布　　120 疋

秋推来染布　　644 疋

　又　大布　　1 疋（化 3 疋）

图十三

春秋连大布（化 3）计 767 疋

计推车工洋 3 元 8 角 3 分 5 厘。（即：0.005 元×767 疋＝3 元 8 角 3 分 5 厘）

面结讫

8

民国二十七年（1938）的账册

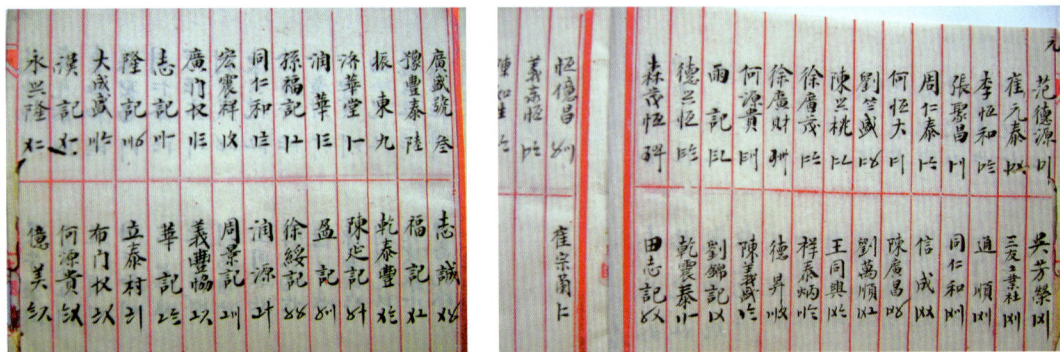

图十四

程益泰民国二十七年（1938）货源账（见图十四）

目　次

与南通、扬州、泰兴、如皋、海安、东台等地60多家商号的往来账目。

该账册由程益泰主人程式和记载，字体工整，从无涂改之处，一目了然。从账册中可以了解到当时众多的商品种类、规格名称及价格。

第12页崔宗兰弹棉花工：

每斤弹工80文

民国26年计弹花175斤半，计付钱14千零40文

民国27年计弹花184斤，计付钱14千720文

皮棉弹花加工后，包装成重量为1斤和半斤的规格，顾客买布缝制棉衣，可同时购买所需棉花，既方便了顾客，又增加了生意。

民国27年程益泰的染坊加工：

(1)102页范德源计染 60 疋、1 段,计洋 16 元。

(2)105页崔元泰春秋共染 354 疋、2 段,计洋 107 元 2 角 2 分 5 厘。

　　106页崔元泰又染计 276 疋,计洋 104 元 9 角 1 分 5 厘。

(3)107页义泰恒计染 90 疋,计洋 14 元 1 角 1 分 2 厘。

(4)108页李恒和春秋缸计染 380 疋,计洋 101 元 6 角。

(5)114页张聚昌春秋共染 190 疋、18 段,计洋 26 元 6 角 2 分 8 厘。

(6)117页周仁泰春秋计染 129 疋、12 段,计洋 19 元 1 角 6 分 4 厘。

　　119页周仁泰又染计 76 疋,计洋 11 元 9 角。

(7)123页何恒大春秋计染 246 疋、8 段,计洋 31 元 8 角 9 分 8 厘。

　　123页何恒大又染 119 疋、1 段,计洋 19 元 6 角 3 分 1 厘。

以上计染 1920 疋、42 段,计洋 453 元零 7 分 3 厘。

第 125 页刘竺盛推车送染布力资账:

由崔元泰染成推来,

土布每疋 5 厘、花其每段 2 分 5 厘、大布每疋 1 分 5 厘。

春推来 140 疋、2 段。

秋推来 213 疋、大布 1 疋。

计推 353 疋、2 段、大布 1 疋。

计推车力 1 元 8 角 3 分。

又 由崔元泰染成推来 278 疋

计车力 1 元 3 角 9 分

该推车力资价与民国 25 年刘竺盛的推车力资价相同。

第 128 页"徐广茂"的账户中,有一段关于沿途兵捐及货物短少的记载(见图十五):

今春徐广茂在南通介绍崔忠明装洋油 50 双,当时言明,由通至富(安)水脚共计洋 5 元正。

后宗明回富(安),又请广茂,又加添在通洋油下力 8 角、在白蒲赏兵 2 元、在李堡赏兵 3 元、在南通贴 2 元 8 角。油在他家,贴他推(车)工 1 元,连水脚二次洋油由乡上街工计 9 角,共计 15 元 5 角。

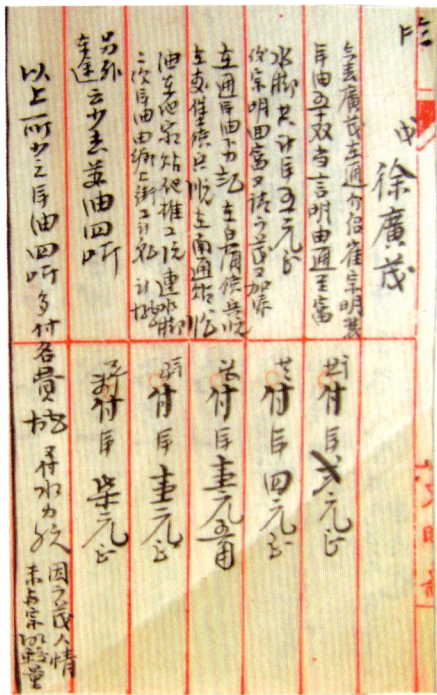

图十五

另外在途云,少去洋油4听。

以上所少之洋油4听、多付各费10元5角,又付水力5元。因广茂人情,未与宗明较量。

(徐广茂、徐广财、何元贵、徐四贵为程益泰的外勤人员。)

第141页为吴芳荣以纱加工布疋账户(见图十六):

言明定织绸水11疋,对换付14支纱1包。

从2月至6月,先后9次共收176疋,照算应计纱16包

从1月至3月,先后7次共付纱14包,另付洋12元4角,克算纱2包,连款克合付纱16包。结讫。

图十六

第147页为经营皮棉存王同兴账户:

言明定皮花市秤20石(担)正,价16元2角,包下力在内。

计付洋324元,折皮花20石(担)。

另注所办皮花用麻封口,连工内14石(担),麻计1角,工计2角,共3角。

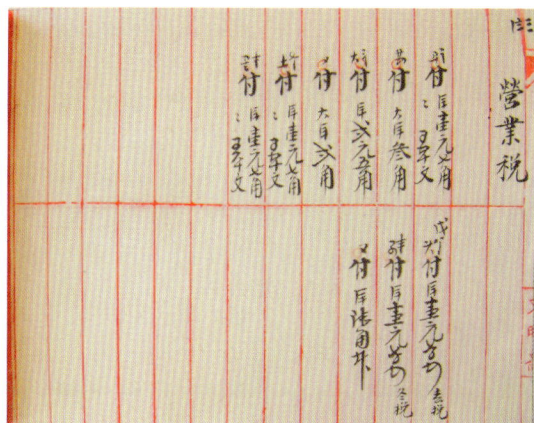

图十七

第183页为"营业税"（见图十七）：

二月初十付洋一元七角、钱150文

二月二十四付大洋三角

三月十八付洋二元五角

　又　付大洋二角

七月十一付洋一元七角、钱150文

八月二十八付洋一元七角五分（春税）

十一月初三付洋一元七角、钱160文

十二月初四付洋一元七角五分（冬税）

　又　付洋六角五分

第184页为"公安捐"（见图十八）：

记载了民国二十六年一月至十月，共十个月，每月缴纳"公安捐"大洋四角。民国二十七年八月份缴纳"公安捐"大洋四角。

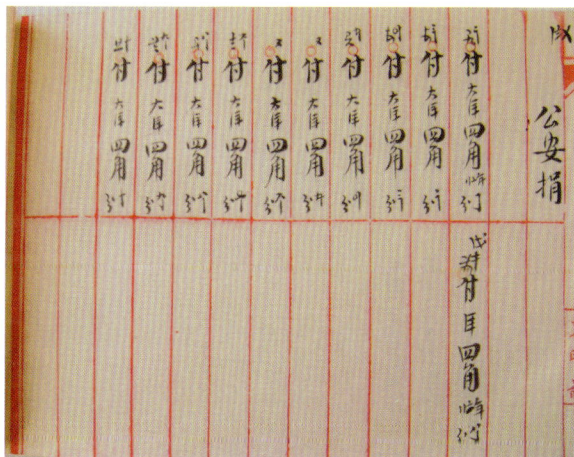

图十八

第 187 页为"义勇壮丁队月捐"(见图十九)。

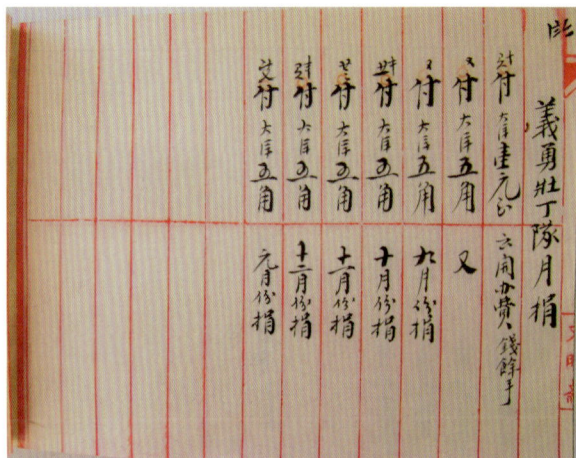

图十九

十月初六 付大洋一元 云为开办费(钱余手)

　　又　付大洋五角　云为开办费(钱余手)

　　又　付大洋五角　(九月份捐)

十一月二十一　付大洋五角　(十月份捐)

十一月二十三　付大洋五角　(十一月份捐)

十二月初六　付大洋五角　(十二月份捐)

十二月二十七　付大洋五角　(元月份捐)

第 185 页为"袁锦"账户(略)。

9

1950～1951 年的账册

账本日期为 1950 年 10 月 21 日至 1951 年 5 月 17 日的税费开支及公债情况

1950 年

11 月 19 日　秋季房捐(5 间每月米 45 升,米价 1700 元,3 个月,按百分之十一计税)2.525 万元(即:1700×45×3×0.11＝2.525 万元)

11 月 30 日　营业税 40 万元

11 月 30 日　商会 11 月份会费 1000 元

12 月 10 日　印花票 1 万元

12 月 14 日　营业税 60 万元

(9 月、10 月、11 月,三个月共 5500 万元,百分之二计应为 110 万元,前已付 50 万元。)

12 月 21 日　布业公会三个月会费 1.32 万元

(10 月、11 月、12 月,每月米 4 斤,每斤 1100 元。)

12 月 25 日　布业公会献旗费 3000 元

12 月 25 日　印花票 9000 元

12 月 27 日　布业公会费 1000 元

1951 年

1 月 1 日　布业公会迎灯费用 3500 元

1 月 2 日　印花税票 5000 元

1 月 3 日　迎灯费用 1000 元

1 月 6 日　站岗费 600 元

1 月 10 日　销货发票簿 3 本 6900 元

1 月 13 日　印花税票 5000 元

1 月 15 日　印花税票 2000 元

1 月 18 日　印花税票 2000 元

1月22日　印花税票5000元

1月23日　印花税票1万元

1月26日　支1950年12月份营业税22万2千元

1月27日　吴其福站岗费用2500元

1月29日　印花税票14000元

2月2日　布业商会1、2月份会费9600元（克米8斤即每月籼米4斤）

2月2日　布业商会服务费2个月，每月500元，计1000元

2月3日　营业税（1951年1月份）17万元

2月4日　商会请酒贴币11000元

2月5日（除夕日）　印花税票1万元

2月13日　站岗费2500元

2月20日　布业公会迎灯费用1万元（汪序臣手）

3月2日　站岗费籼米2斤（折2400元）

3月5日　布业公会费1万元（汪序臣手）

3月6日　支1951年2月份营业税6万1千元（计报305万6千元）

3月8日　支1950年所得税48万元

3月13日　印花税票1万元

3月20日　站岗费1200元

3月21日　参军费6万元（前1月28日付1万元）合计7万元（汪序臣、赵晋候手）

3月25日　销货发票簿2本4600元

3月25日　商会请客（赵晋候等）费5万元

3月28日　支张街长币5000元

3月28日　冬春房捐（5间，每月米45升，米价1500元，按11%计税，）4.455万元

3月28日　东台县附税币4450元

3月30日　支1950年12月份营业税7万8千元

　　　　　（前付22万2千元，后补加78000元，合计31万元）

3月30日　支1950年所得税96万元

　　　　　（所得额计800万元，18%计税，前付48万元，今付96万元）

3月30日　政教事业费14万4000元

4月2日　支副镇长孙英5000元

4月4日　印花税票1万元

4月5日　站岗费1300元

4月16日　补1950年所得税额400万元,按14%计,56万元。

4月16日　又加政教事业费5万6000元

4月17日　印花税票1万2000元

4月22日　商会3月份服务费500元

4月22日　商会会费3月份8800元(每月米8斤,每斤1100元)

4月23日　中国人民银行

　　　　　　抽签中号还本付息《人民胜利建设公债》13分。

　　　　　　每份得2.3578元,计得30万6500元

　　　　　　每份利息1178元,计收1万5300元

　　　　　　未中签公债券47份,每份得息1178元,计得5万5400元

4月24日　站岗费1200元

5月2日　销货发票簿2本4600元

5月2日　成功街迎灯费3000元

5月3日　赵晋侯手给张、丁币7万5000元

　　　　　　(营业1、2、3三个月评议计4600万元,2%计为92万元)

　　　　　　(1月份付17万,2月份付6万1000元)

　　　　　　营业税3月份补1、2月,共付68万9000元,共付92万元

5月3日　政教事业费9万2000元

5月3日　集体送税款费1500元

5月3日　印花税票5000元

5月5日　印花税票7000元

5月8日　布业分会派人往扬州展览会贴川资(赵晋侯手)4万元

5月10日　布业分会往扬州展览会(王文祜手)1万元

5月10日　站岗费1100元

5月15日　印花税票1万2000元

从此账册中可以看出:

（1）税收率：①房屋租赁税为 11％；②房屋租赁附税为租赁税的 10％；③营业税为 2％；④所得税为 18％；⑤政教事业税为营业税、所得税额的 10％。

（2）商会费每月籼米 8 斤，折币 8800 元。

其他费用如人员服务费用、献旗费用、请酒费用、迎灯费用、去外地参观费用等，由商会组织摊派，还有支持参军费用等，亦由商会安排摊派。

（3）遵纪守法规定购买售货发票和贴销印花税票。

（4）镇长、街长费用，包括镇、街组织的迎灯会费用摊派等。

（5）站岗费用，富安镇四周环河，共有 6 座桥，为了加强治安管理，每座桥旁均搭一小棚，晚上 7 时至次日天亮均摊派 2 人值宿（自带被席），询问过桥行人，如有情况，次日向街长报告。每 10～15 天轮到 1 次，轮到我家时，则顾请他人代替，每晚付籼米 2 斤，约折币 2200 元左右。逢我不上学时，也常跟另一大人同去值宿，只需半价补贴另一人。

（6）从 4 月 23 日记账中可知，程益泰购买了 60 分胜利折实公债。

1950 年，新中国发行了最早的国家债券"人民胜利折实公债"，公债的单位定名为"分"，第一期公债总额为 1 亿分，于 1 月 5 日开始发售，新中国早期公债的发行，是新中国成立初期为了支援解放战争，迅速统一全国，以利于安定民生，恢复和发展经济，中央人民政府采取的重要金融措施。

中央决定募集和还本付息全部以实物为折算标准，此次公债单位为"分"，每分公债以上海、天津、武汉、西安、广州、重庆六大城市之大米 6 斤、面粉 1.5 斤、白细布 4 尺、煤炭 16 斤的平均批发价的总和计算。这个平均批发价由中国人民银行每 10 天公布一次，确保公债不因物价的飞涨而贬值，公债年息 5 厘，亦以实物计算，"人民胜利折实公债"主要在全国工商业者中推销。

程益泰积极响应政府号召，于 1950 年 4 月份，程益泰积极带头购买胜利折实公债 60 分（约 120 余万元），街头宣传队还号召向程益泰学习，动员其他商店努力完成购买任务。

（7）从 1950 年 10 月至 1951 年 5 月的账册内容看出，以粮购布的数额约占 1/4。

过去直至解放初期，农村人上街买布等商品，有的是挑着粮食担子到店家，由店家指定的粮行收秤，然后由粮行折成市价出一收据送店家，店家再按收据金额供货给农村送粮人。

1950 年 10 月至 1951 年 5 月份，送粮购布金额约 2500 万元，约占总额 1/4。

当年送粮品种及价格：黄豆 7.8 万元/担；大麦 9.5 万元/担；小麦 9.8 万元/担；元麦 9.5 万元/担；籼稻 9.4 万元/担；占稻 10.5 万元/担；黄玉米 7.5 万元/担；还有白玉米、赤豆等。

第五章

程益泰商号的遗存实物

1

印　戳

寓意：福、禄、寿

财神菩萨
"板桥口"

江苏东台

益泰庄照码六折九扣
真不二价足西

富安板桥口

福

禄

寿

喜

丙午	戊申	癸丑	甲寅	乙卯	丙辰
(1906)	(1908)	(1913)	(1914)	(1915)	(1916)

己未	乙丑	丁卯	戊辰	己巳	庚午
(1919)	(1925)	(1927)	(1928)	(1929)	(1930)

大号　　　　　　　（1934）

午節　　　中秋　　　中秋节　　　冬節　　　年节

货真价实　　　早晚市价　　　凡迁捐税　　　纸墨笔砚
　　　　　　　书票为凭　　　贵客自理

2

丝 线

图一　当年程益泰缝制成衣用的各色丝线

3

美商德士古公司幸福牌煤油包装木箱

民国 21 年账册第 20 页豫丰昌账户中,幸福牌煤油每箱价洋 8 元 7 角。

洋油木箱每只 2 角 5 分。

图二

4

手电筒

图三　程益泰于 20 世纪 30 年代所经营的手电筒

左 4：汇明厂生产的大无畏牌手电筒（大电碗），用 1 号电池。电碗径 8.7 厘米，电筒高度 18.5 厘米。

左 3：飞虎牌手电筒，用 2 号电池。电碗径 4.8 厘米，电筒高度 14 厘米。

左 1、2、5、6：均为跃华厂生产的跃华老牌手电筒，用 3 号电池。电碗径 3.7 厘米，电筒高度 13.8 厘米。

5

各式煤油灯

图四

左1、左2为金属灯座（铜质），座高13厘米，其中：左1为"飞轮牌"商标，泰利厂出口。

左3为玻璃灯座，座高12.5厘米，中部有4个雄鸡图案，底部内侧印有"上海华民玻璃厂出品"；灯头上有"美孚行"印字。

左4为金属灯座，座高3.5厘米，底座上印有"美孚行"三字。

左5、左6为玻璃灯座，座高14厘米，玻璃花纹各不相同。

左4、左7的玻璃灯，高度26.7厘米，其上部仍有白字小印记"上海老牌美孚油"。

左8为灯朴，套在左7的灯上，有一个支架，可以悬挂于空间

此图像中，除左3为小灯头外，其余6个灯头，不分新旧，均有"三星牌茂泰厂1934"的印记。

6

肥皂箱

五洲固本肥皂厂包装木箱

木箱上侧面印有："工商部咨行，财政部核准，沿途概免重征"。

另一侧面印有："五洲固本厂，上海出品"。

在没有广泛使用洗衣粉、洗洁净之前，五洲固本肥皂深受社会民众所喜爱，特别是广大妇女手工洗衣的必备之物。

民国 25 年 4 月 28 日，东台振东号发票中：160 固本皂每箱大洋 6 元 3 角。

图五

7

美孚行煤油包装木箱

民国 25 年 11 月 22 日东台亿美号发票中："老美孚油每箱价格，国币 9 元 8 角"。

图六

8

竹尺、木尺

图七

(1)为"码"尺

(2)为老尺 2 尺

(3)为市尺 2 尺

(4)为 1 尺

9

其 他

图八　搪瓷小盆及其商标

　　搪瓷小盆上口直径 20 厘米,高 5.7 厘米。商标广告呈圆形方孔钱币式样,商标直径为 4.5 厘米,内容为:"上海华商益丰有限公司,制造各种搪瓷器皿",上、下分别为益、丰两字,方孔内为"金钱"二字。两侧为八卦图案(见图八)。

图九　上海茂泰厂制造的三星牌自由灯

三星牌自由灯,上海茂泰厂制造(见图九)。

尺寸:8 厘米×7 厘米×4 厘米。

左侧按扣为开关,前面电碗可以扭下维修,后盖可以打开,安装 2 节 1 号电池。

此三星牌自由灯,便于携带。左侧为包装用合。

第六章

商品广告

图一

1

新皇后香烟广告

新皇后香烟

空壳掉换赠品

该广告长 39 厘米, 宽 13 厘米。

民国二十五年程益泰的洋货门市收购账中第 20 页(即送货上门):

10 支新皇后每条价洋 1.05 元

新皇后一合价洋 2.1 元

2

仙岛牌香烟广告

从"豫丰泰"与"程益泰"双方往来的记账货折中可知,在 1930 年至 1932 年三年间,一是卷烟价格略有上升,但涨价幅度不大;二是名牌香烟价格差距较大,如"飞鹰烟"每条价格为大洋七角四分,而"美丽烟"每条价格二元二角六分,"大英烟"每包七分,而"仙岛烟"每包二元七角八分等。

图二

图三

3

上海义生橡胶厂（搪瓷）广告牌

本号经理箭鼓牌、飞艇牌男女各种套鞋

上海义生橡胶厂出品

民国二十五年八月三十日，东台陈广昌洋广杂货号发票中：

箭鼓男鞋每打价国币 9 元 8 角

民国二十五年东台润华工业社的往来账目中：

箭鼓跑鞋每打价洋 6 元 5 角、飞艇放脚女鞋每打价洋 7 元、箭鼓网球鞋每打价洋 8 元 4 角、箭鼓元□男鞋每打价洋 10 元零 3 分、箭鼓半统靴每打价洋 12 元 5 角、飞艇园□男鞋每打价洋 8 元、飞艇男套鞋每打价洋 7 元 5 角。

4

上海汇明电筒电池制造厂广告

本号经售：现代最经济可靠的大无畏牌 手电筒、干电池 注册商标

右上侧写有："老牌大无畏、经济并可靠、光亮最耐久、价值确公道、牌子顶顶老、全球都销到、人人所欢迎、个个都称好。"

"上海汇明电筒电池制造厂出口。"

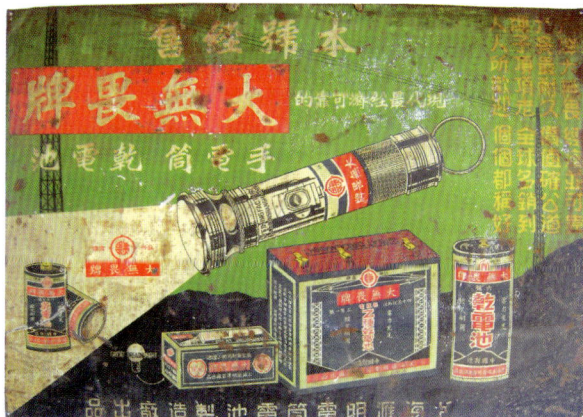

图四

5

"福"字毛巾包装广告(见图五)

图五

广告为蓝底白字,两侧印有:"'福'字老牌毛巾";上部印有:"注册商标,禁止假冒";下部为白底红字"上海法和租界兴圣街怡昌福织造厂";中部为:"白底园形红环内,有两束蓝色稻穗,中间为红色'福'字"。

6

上海火柴广告

正面为"上海"两字,中间为灯塔。

背面印字内容:爱国同胞请用国货:启者,本公司制造各牌上等火柴,久为爱用国货诸同胞所欢迎,现为特别改良起见,创制放大净枝火柴,每合一佰三十余枝,品质优美价格低廉,较之寻常之货,不啻霄壤之别,凡蒙爱国诸同胞 赐顾。请认明本公司上海商标,庶不致误。

荧昌火柴公司谨启

东台豫丰昌民国 23 年 8 月 27 日发票上标明价格:"大上海一听,计洋十元零 5 分"。

东台意美号民国 25 年 11 月 22 日发票标明价格:"大上海一包(10 合)国币 9 分 2 厘"。

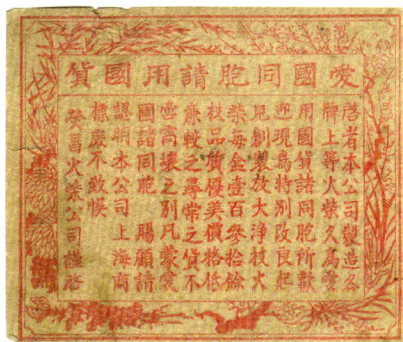

图六

7

上海印染公司广告

布疋广告

图七

注册商标：三星图
中间图案为福、禄、寿三星，
上海印染有限公司出口。
下部有一个"染"字图案。

注册商标：中间图案为"染"
字，财政部特许免税
关字第一〇九八八号
上海印染股份有限公司
中华国货

8

立止头痛膏包装广告

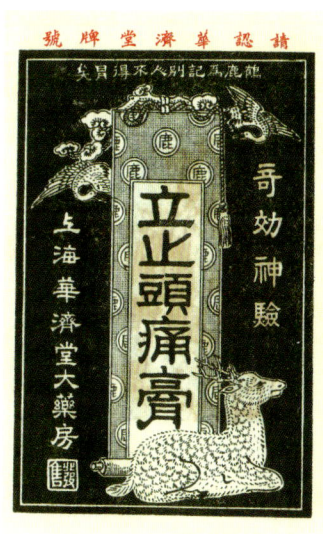

立止头痛膏(正面)　　　　　(背面说明)

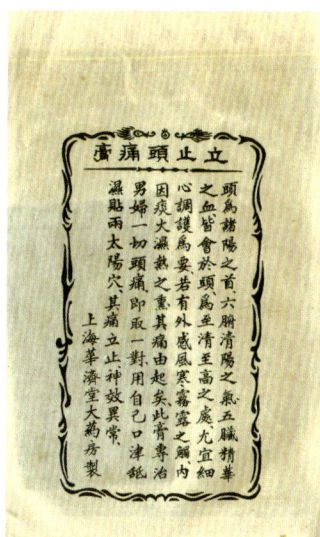

图八

请认华济堂牌号

鹤鹿为记别人不得冒也

奇效神验

上海华济堂大药房

立止头痛膏：头为诸阳之首、六腑清阳之气、五脏精华之血、皆会于头、为至清至高之处、尤宜细心调护为要、若有外感风寒雾露之触、内因痰火湿热之熏、其痛尤起矣、此膏专治男妇一切头痛、即取一对、用自己口津舐湿贴两太阳穴、其痛立止、神效异常、上海华济堂大药房制。

(此包装袋内，仍有"立止头痛膏"实物一枚。)

9

达和袜厂包装纸

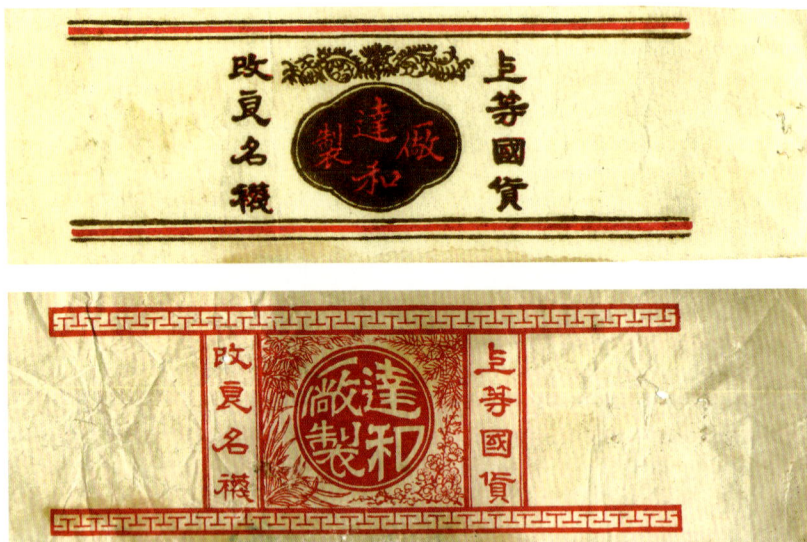

图九

附：

旧式记账中的数码书写

壹 贰 叁 肆 伍 陆 柒 捌 玖 拾 佰 仟 萬
一 二 三 四 五 六 七 八 九 十 百 千 万

零	整	20	30		圆	角	分	厘
〇	正	廿	卅		元	ㄥ	卜	
			念					

| 斤 | 两 | 钱 | 分 | | 担 | 斗 | 升 |
| 丨 | 刈 | 牛 | 卜 | | 石 | 斗 | 升 |

1码 = 2.7434市尺 = 3英尺 = 0.9144公尺
1英尺 = 12英寸 = 0.3048公尺
1英寸 = 2.54厘米

后 记

我退休之时,适逢家乡东台市富安镇集镇改造,当时发现家中祖辈及父辈经商时的一些商业史料,从时间上看为清朝末年至民国期间,但这些史料均零星地流散在社会上。十多年来,我花费了很大的精力和时间,从不放过一点一件,去努力收集资料,还要努力看懂、读通这些史料的内容,并认真分析研究,加以整理,最终编写成《程益泰商号经营史料选辑》。我谨以此书作为对祖辈、父辈的追思与纪念,心间方才感到一丝宽慰。

在此书的整理过程中,得到东台市收藏协会会长吉家林先生的大力帮助。2012 年冬,书稿形成后,又呈请中国商业史学会副会长、复旦大学历史系教授朱荫贵指点,朱荫贵教授又帮助推荐与寻求出版社等事宜。2014 年 3 月,经朱荫贵教授引荐,与上海财经大学档案馆联系,上海财经大学正在筹建学校博物馆,《程益泰商号经营史料选辑》中所列史料,将在上海财经大学博物馆展出,我为这批商业史料找到了很好的归属而心安。这批商业史料,也只有在上海财经大学,才有可能发挥出资料展览与教学研究相结合的双重作用。

《程益泰商号经营史料选辑》由上海财经大学资助出版,朱荫贵教授为此书又写了《序言》。在此,谨向上海财经大学丛树海书记、樊丽明校长;档案馆喻世红馆长、陈玉琴老师、罗盘老师;复旦大学朱荫贵教授;东台市收藏协会吉家林会长;上海财经大学出版社的领导及各位同仁,一并表示感谢。

程 源
2014 年 6 月记于东台寓所